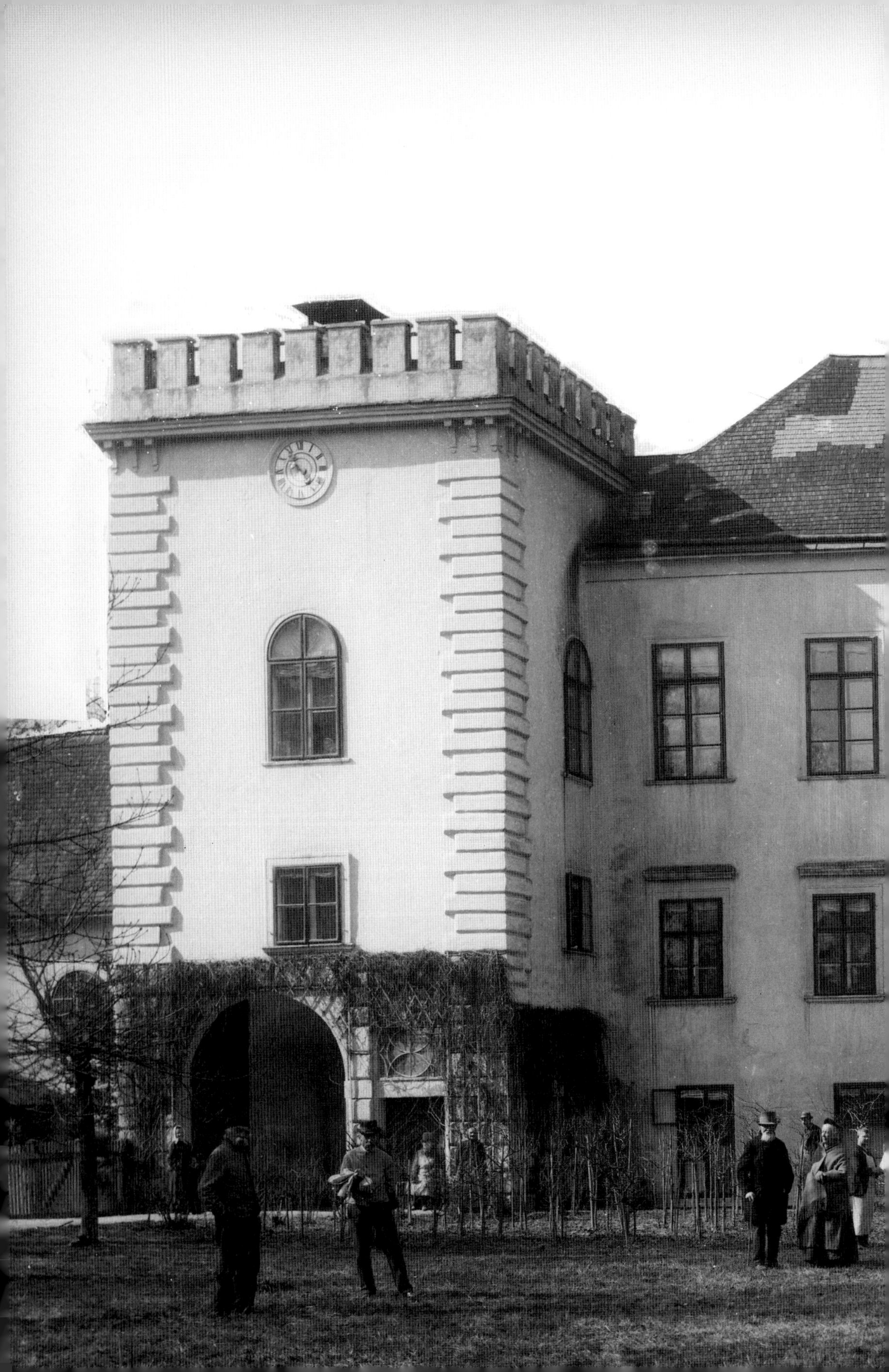

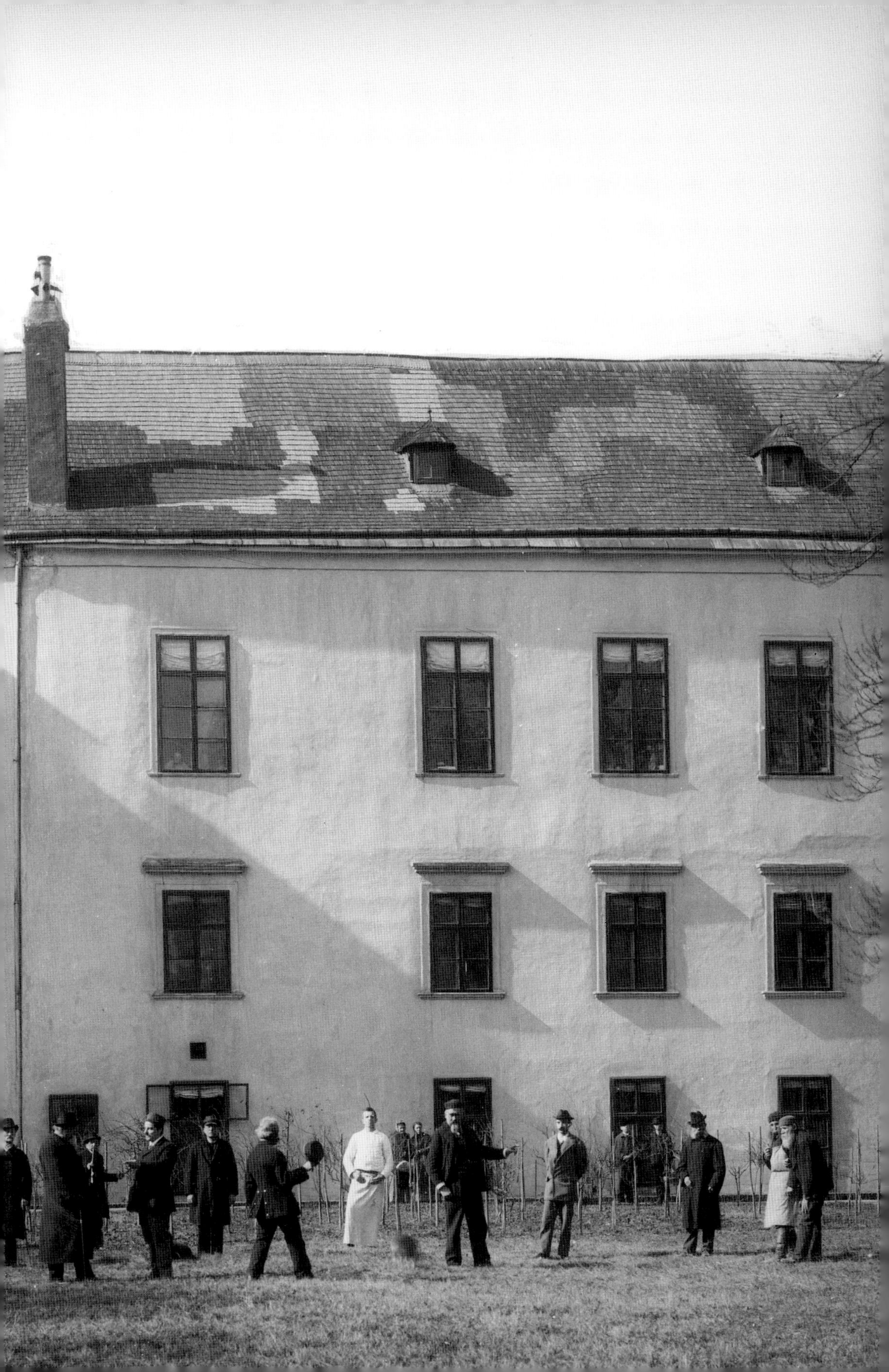

Bildnachweis: alle Fotos Bildarchv der Österreichischen Nationalbibliothek, mit Ausnahme der Bilder auf den Seiten 9 unten, 27 unten und 32 verlagsbüro wien.

ISBN 978-3-8000-7336-8

Redaktion: Carola Leitner und Kurt Hamtil

Gestaltung: verlagsbüro wien | Kurt Hamtil
Coverfoto: Bildarchiv der Österreichischen Nationalbibliothek

Druck: Druckerei Theiss GmbH, A-9431 St. Stefan
7 6 5 4 3 2 1

Ueberreuter im Internet: www.ueberreuter.at

WIENS 23. BEZIRK

Liesing

IN ALTEN FOTOGRAFIEN

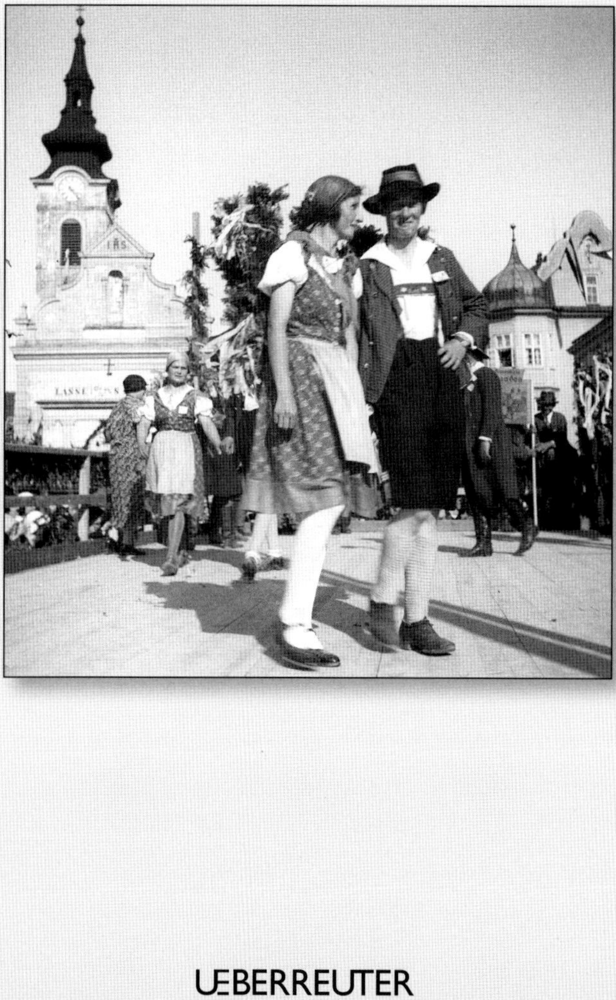

UEBERREUTER

INHALT

Liesing

Die erste Nennung des Namens „Lieznicca", Waldbach, erfolgte um 1002 und bezog sich auf den Fluss – gemeint ist der Liesingbach.
Liesing war einst von Weingärten und Feldern geprägt, es gab Bauernhäuser und das Schloss Liesing. Der durch das Gebiet fließende Liesingbach betrieb damals vier Mühlen. Sieht man die Liesing heute, ein kleines Rinnsal in einem regulierten Bachbett, vermag man kaum zu glauben, dass dieses „Gerinne" früher großen Schaden angerichtet hat. Aus dem Bächlein wurde ein über die Ufer tretender schäumender Fluss, vor dessen Gewalt weder Häuser noch Brücken sicher waren. Heute gibt es noch die Hochwassergasse in Inzersdorf, die Zeugnis von der Kraft des Wassers ablegt.
1188 kam der Ort unter die Herrschaft der Babenberger, später kann auch die Oberhoheit der Habsburger angenommen werde.
Um 1400 folgte eine Trennung in Ober- und Unterliesing. Von den Türken blieb auch Liesing – so wie ganz Wien – nicht verschont.
Im 18. Jahrhundert wurde das Schloss ausgebaut. Die Gegend erfuhr vor allem durch die auf dem Weinbau fußende Wirtschaft einen Aufschwung. Die einsetzende Industrialisierung, begünstigt durch den Liesingbach, führte zum Wandel. Aus dem einstigen dörflichen, von Landwirtschaft geprägten Ort wurde eine Industriesiedlung. So entstanden in der Mitte des 19. Jahrhunderts die ersten Fabriken.
Im Jahre 1841 wurde die Südbahnlinie, damals noch als Wien-Gloggnitzer-Bahn bekannt, eröffnet. Der hiesige Bahnhof lag inmitten des Ortes, was von besonderer Bedeutung war.
Am 1. Oktober 1938 wurde Wien von 21 Bezirken auf 26 Bezirke zu Groß-Wien vergrößert. Nach der Besetzung Wiens durch die Alliierten wurde das Gesetz von 1938 allerdings nicht anerkannt. Das „Gebietsänderungsgesetz" der Stadterweiterung von 1938 wurde großteils wieder rückgängig gemacht. Heute ist Liesing die einzige in Wien eingemeindete Stadt.
Liesing wurde aus acht ehemals selbständigen Gemeinden gebildet, diese sind Atzgersdorf, Erlaa, Inzersdorf, Kalksburg, Liesing, Mauer, Rodaun und Siebenhirten.

Vorvorherige Doppelseite
Das Städtische Versorgungshaus in einer Frontalaufnahme mit Staffage, 1909.

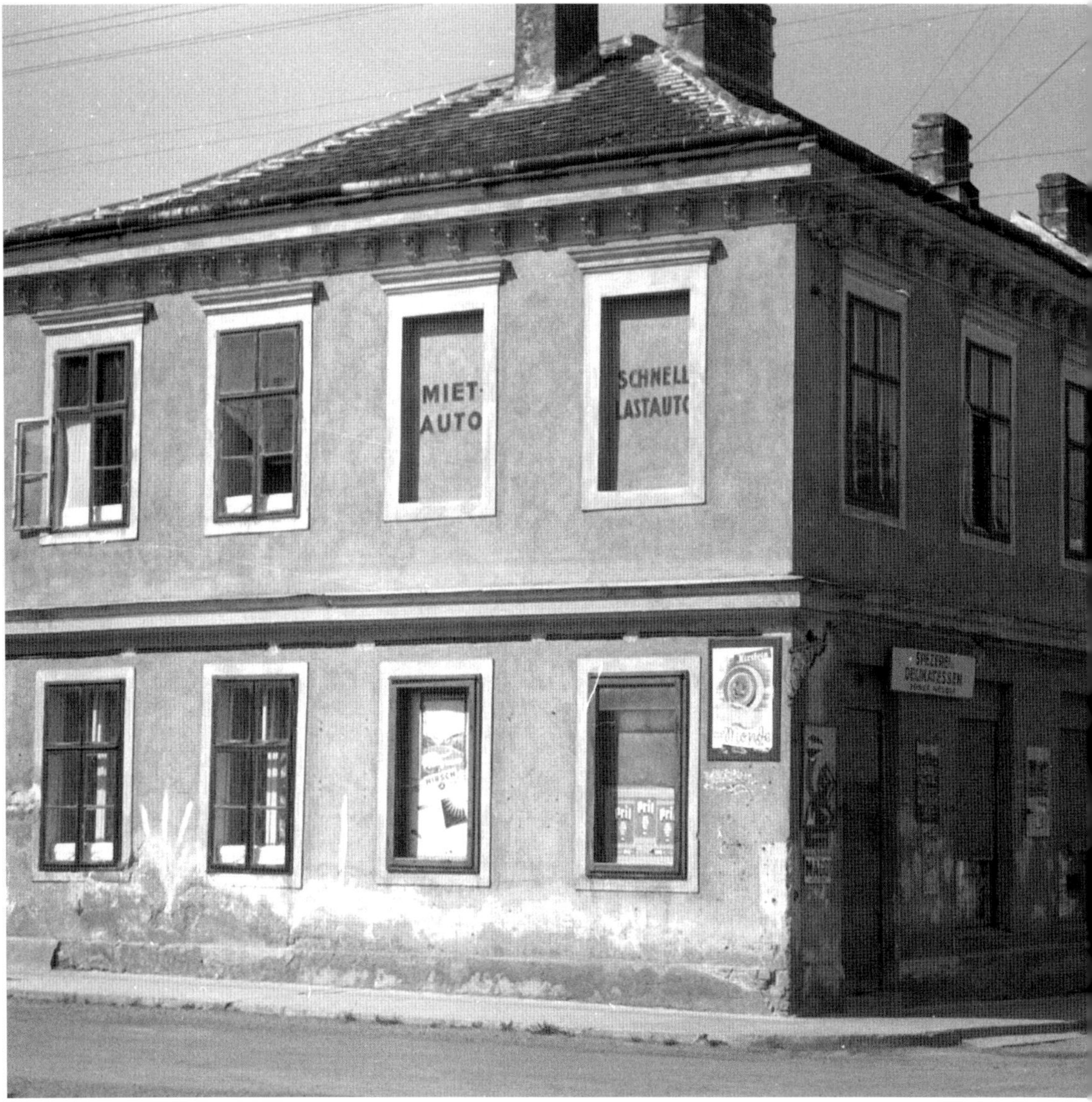

Seite 8

Korbgasse 16–18: Ansicht über Eck von links, 1955.

Rechte Seite
In Siebenhirten: die Neue Pfarrkirche; Hauptfront und Turm, stark von rechts, 1957.

Das kleine Bild darunter zeigt die Korbgasse 16–18 in heutiger Ansicht.

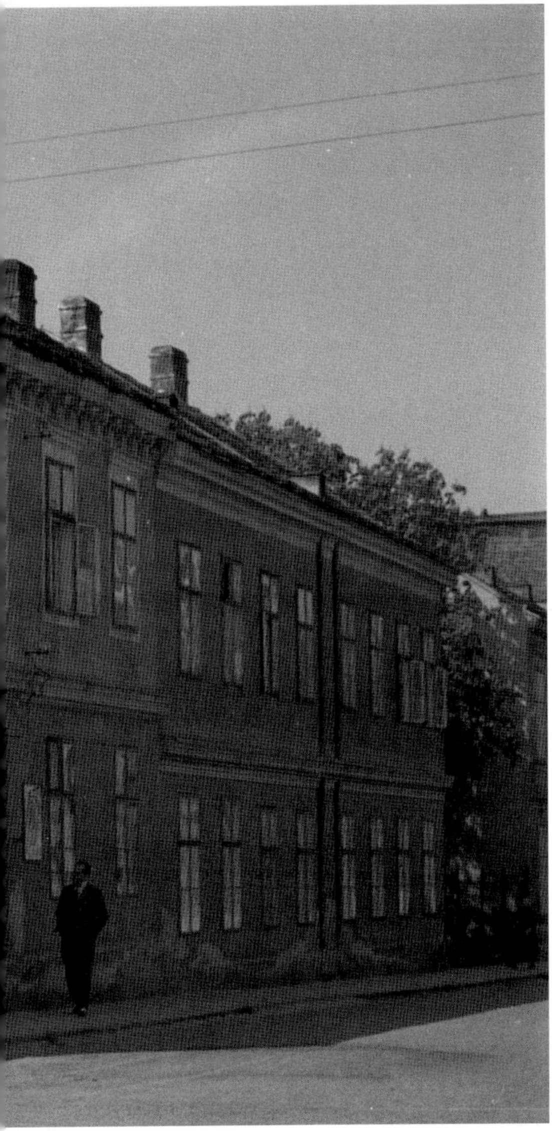

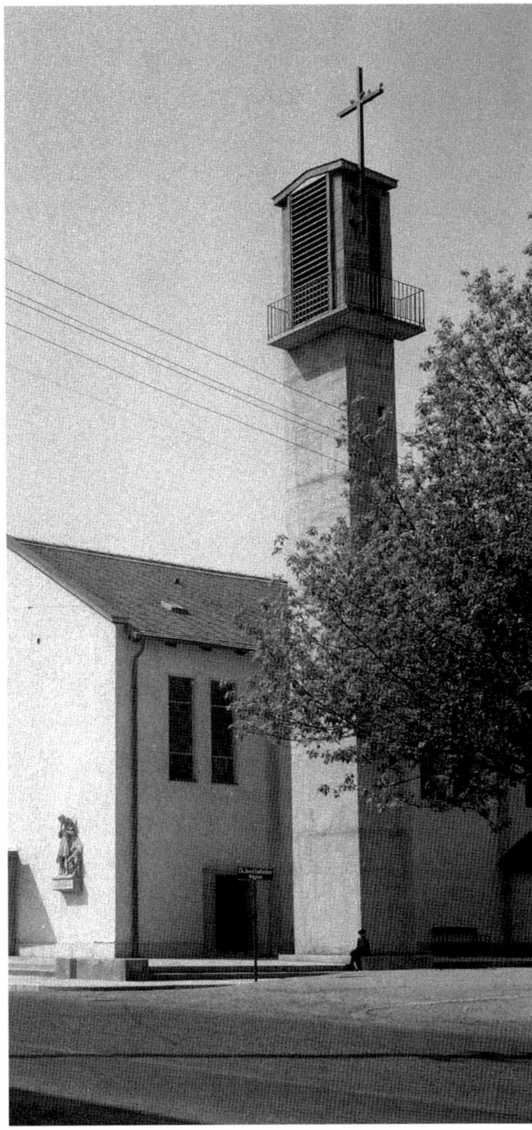

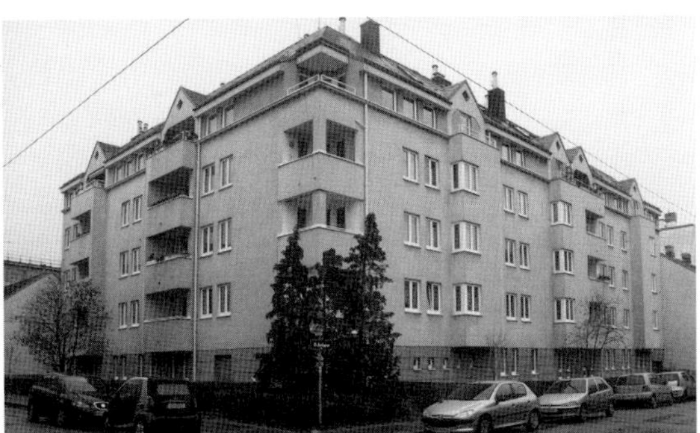

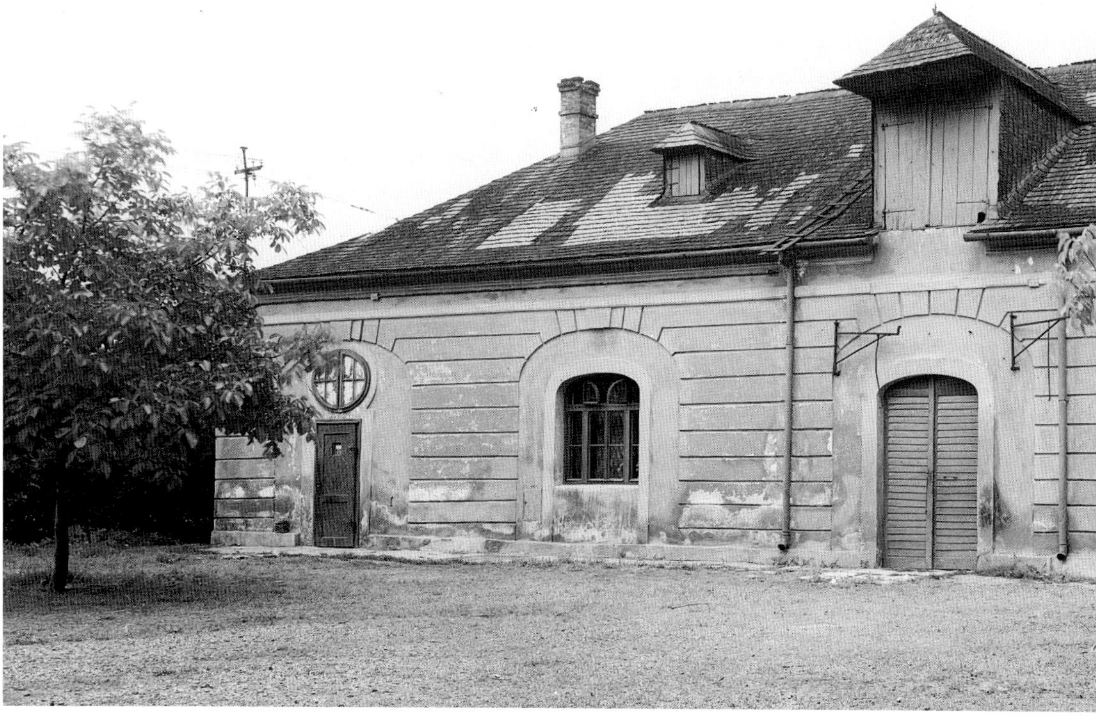

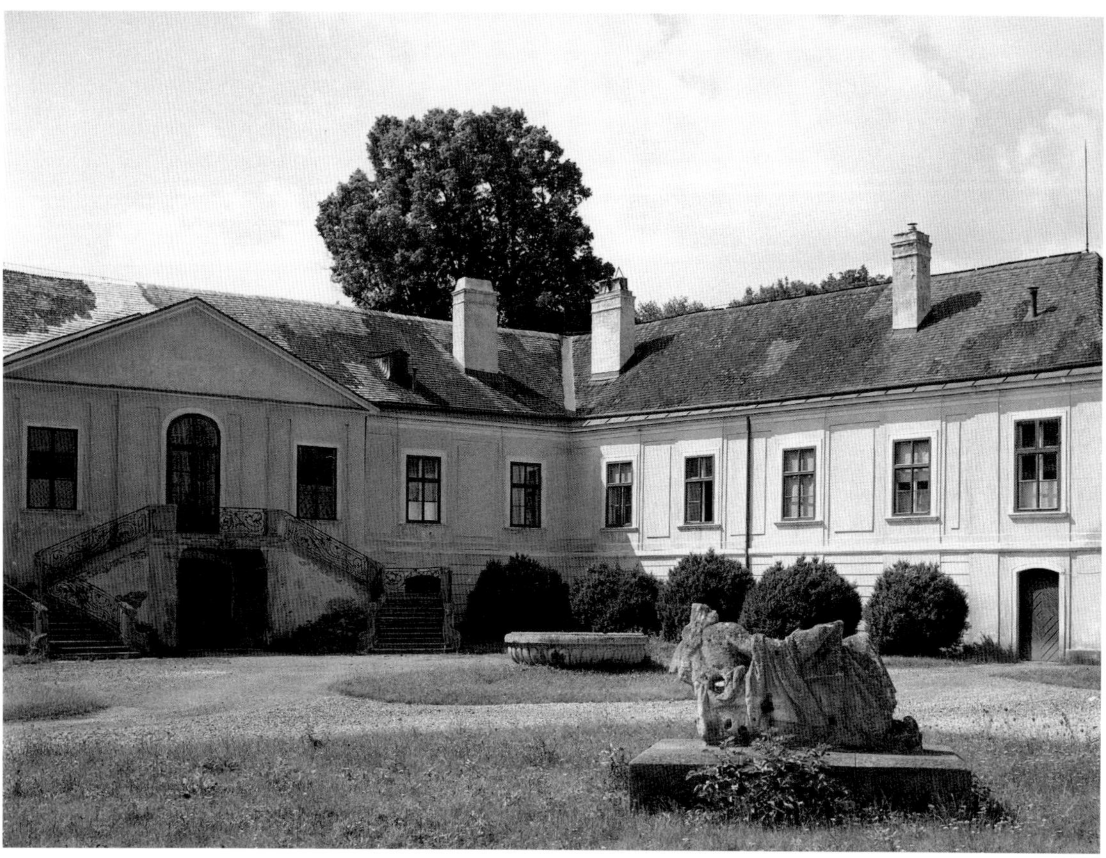

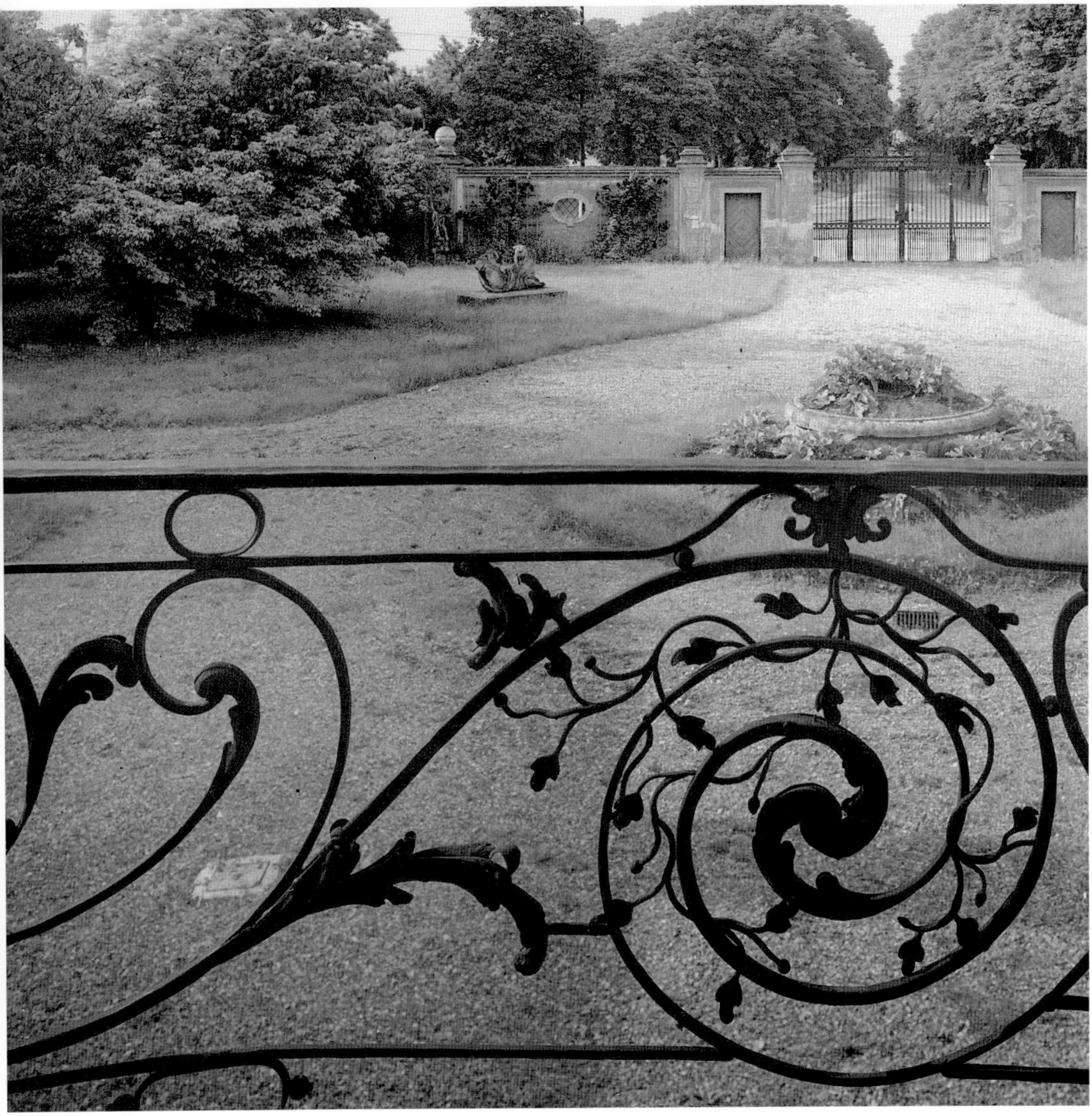

Seite II

Schloss Alterlaa, die Front eines Südflügels, 1942.

Schloss Alterlaa in einer Teilansicht der Front schräg von links über den Hof, 1963. Dieser Herrschaftssitz ist seit dem 17. Jahrhundert bezeugt. Georg Adam Fürst von Starhemberg, einer der späteren Besitzer, ließ einige Umbauten vornehmen, an denen u. a. Nikolaus Pacassi mitwirkte.

Rechte Seite

Schloss Alterlaa in einer Aufnahme aus dem Jahre 1942. Blick vom Aufgang zum Einfahrtstor.

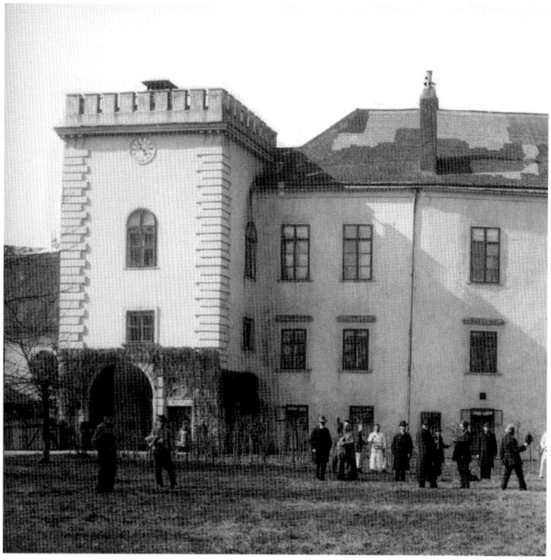

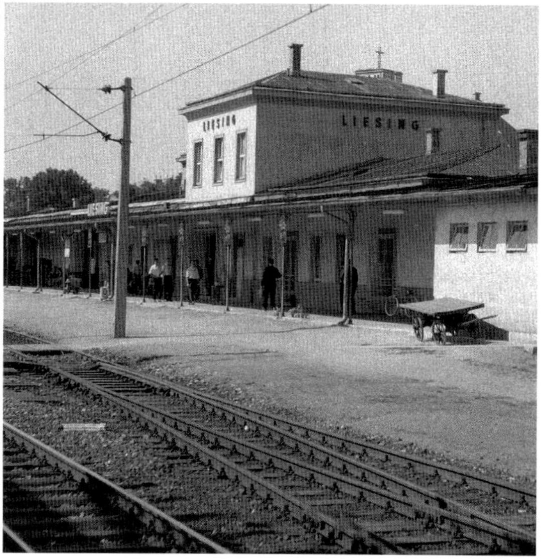

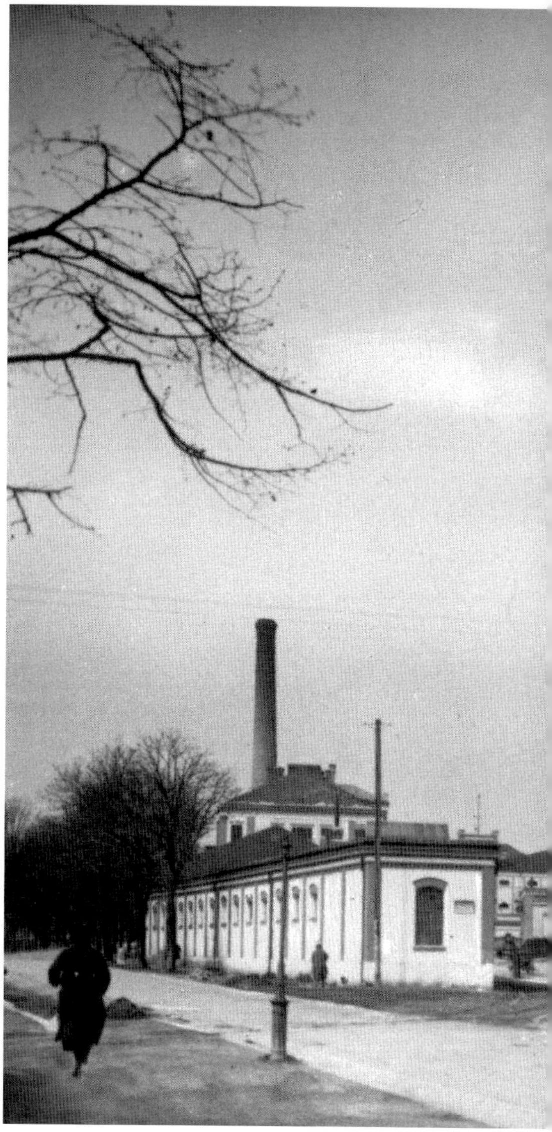

Seite 12

Das Städtische Versorgungshaus. Frontalaufnahme mit Staffage, 1909.

Ansicht vom Bahnhof über die Geleise gesehen, 1962.

Rechte Seite

Brauhaus Restauration mit Teilansicht der Brauerei A.G. Liesing, um 1920. Die Anlage wirkt besonders markant durch den charakteristischen Turm. In der Brauhaus-Restauration gab es einen Tanzsaal, der nach den Plänen der bekannten Architekten Ferdinand Fellner und Hermann Helmer errichtet wurde.

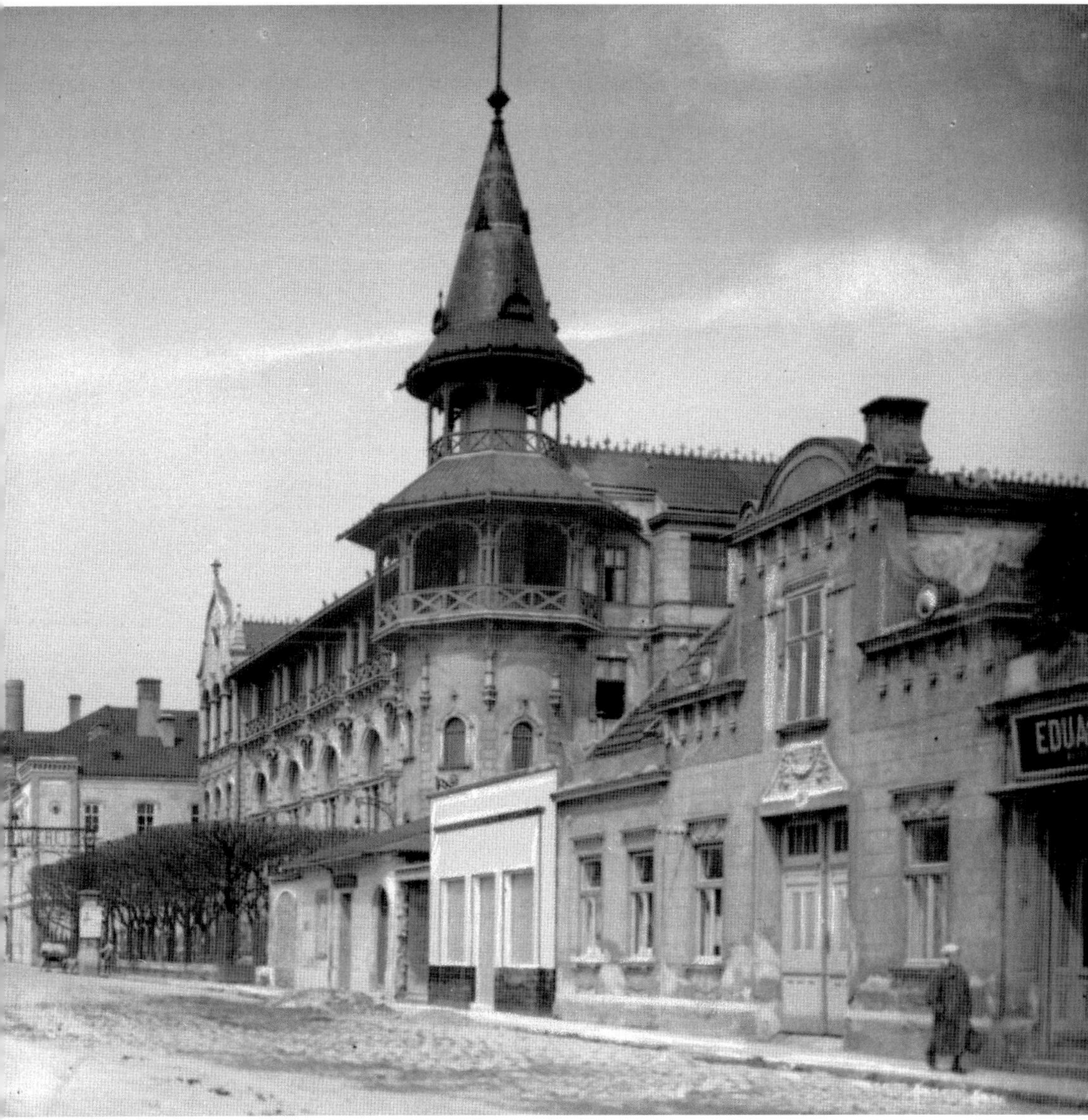
EDUA

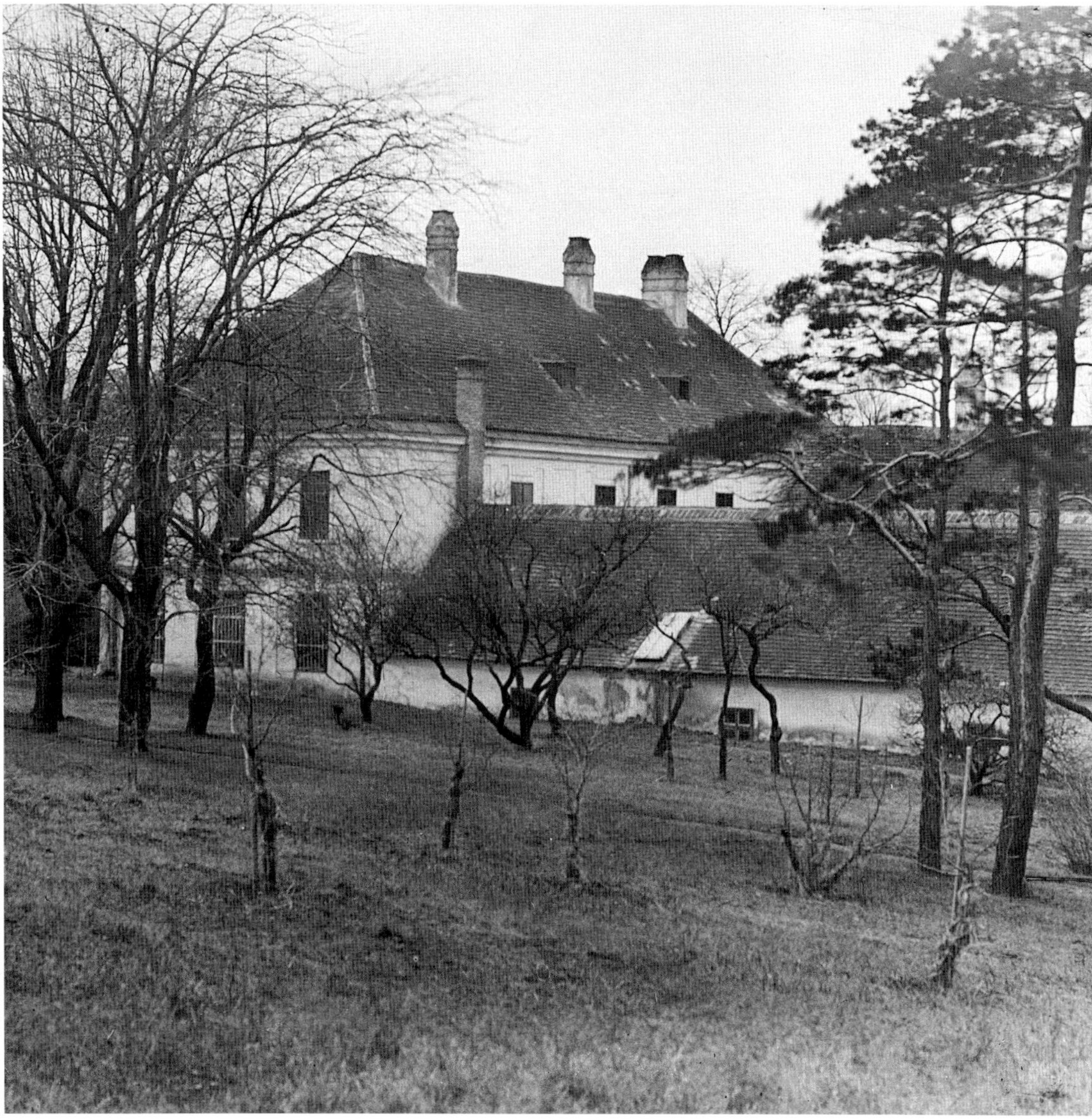

Seite 14

Die Speichmühle in Liesing (ehemaliger Besitz der Familie Widter).

Rechte Seite

Speichmühle in anderer Ansicht über den Teich.

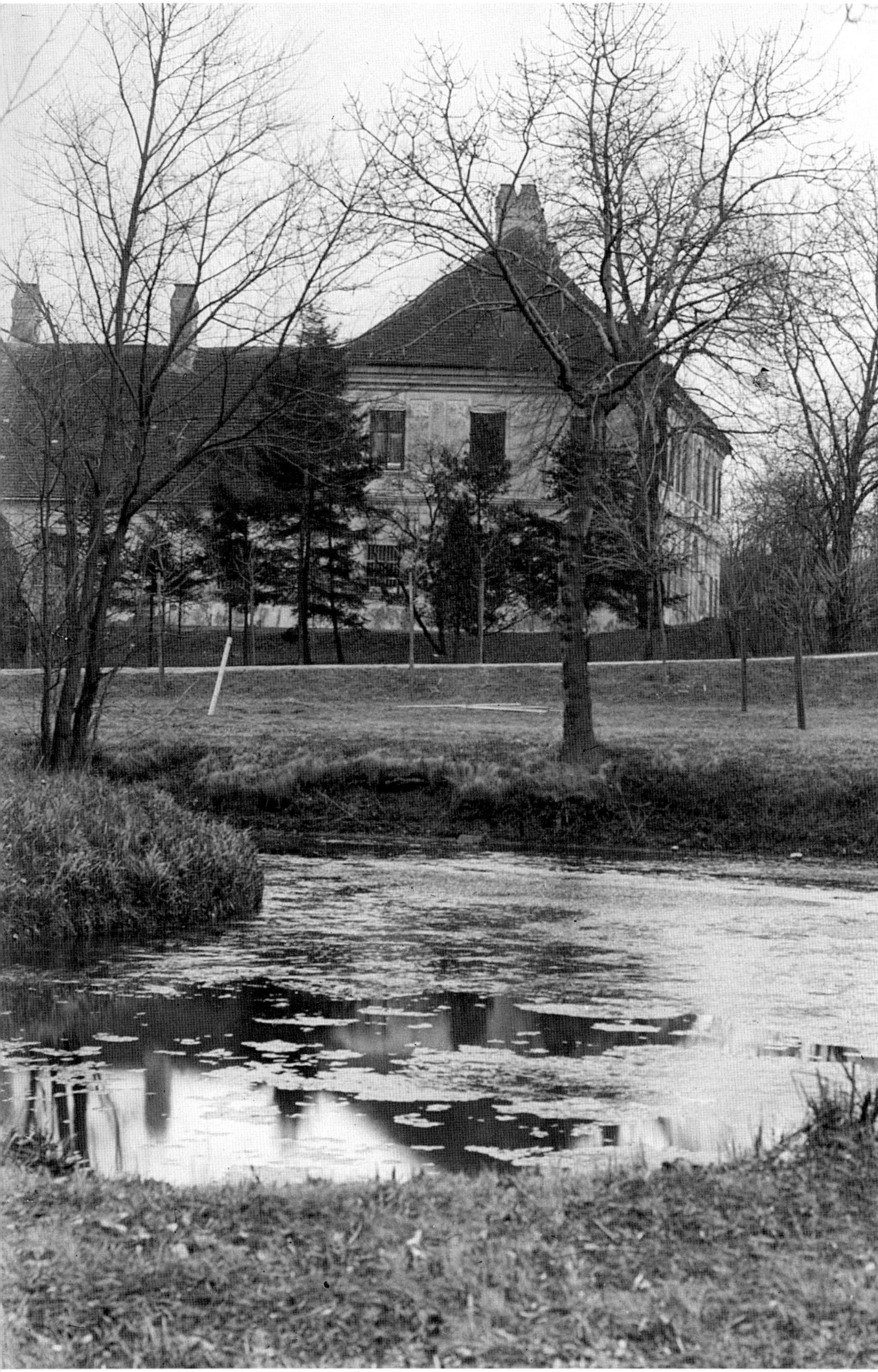

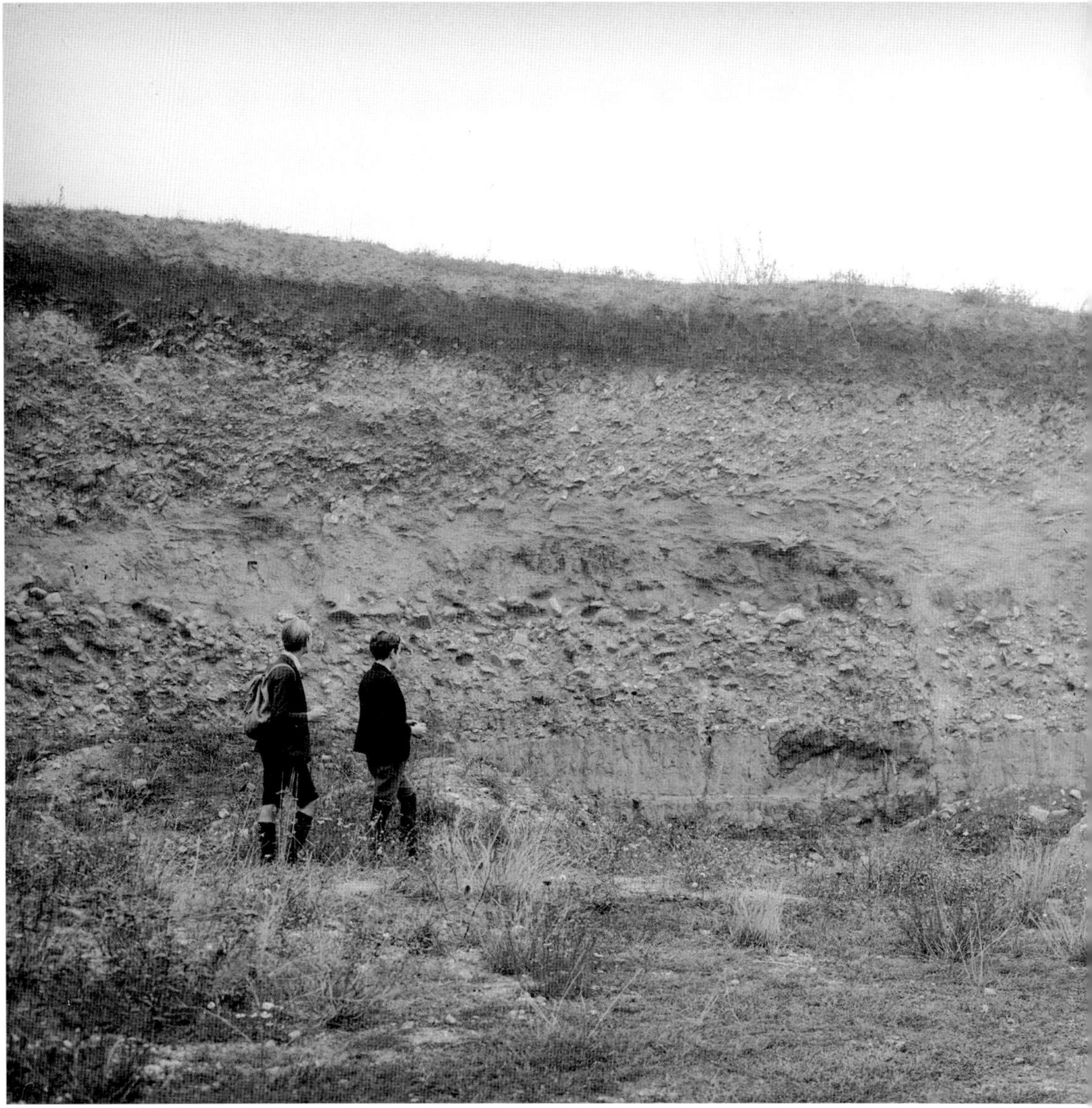

Seite 16

Zwei Schulbuben in der Sandgrube in Atzgersdorf in einer Aufnahme aus dem Jahre 1929.

Rechte Seite

Atzgersdorf, Liesing.

Aufnahme der Bahnstation „Atzgerdsdorf-Mauer“ mit Wartenden.

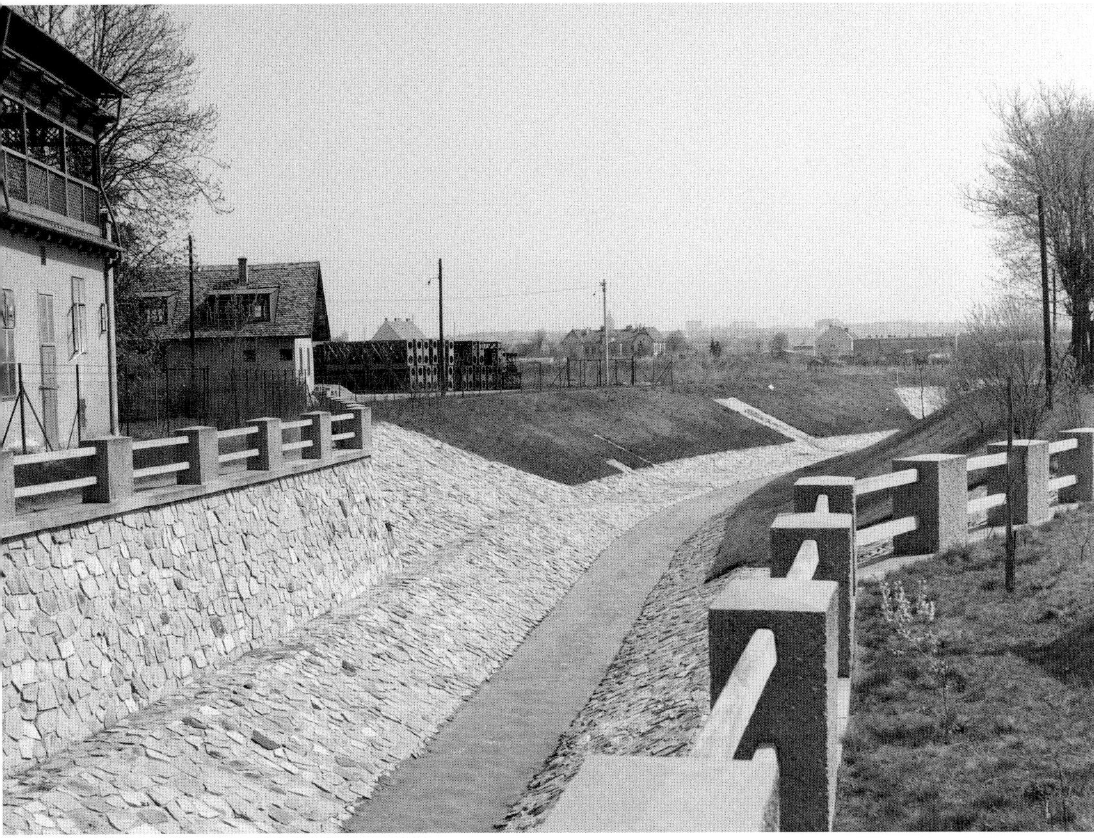

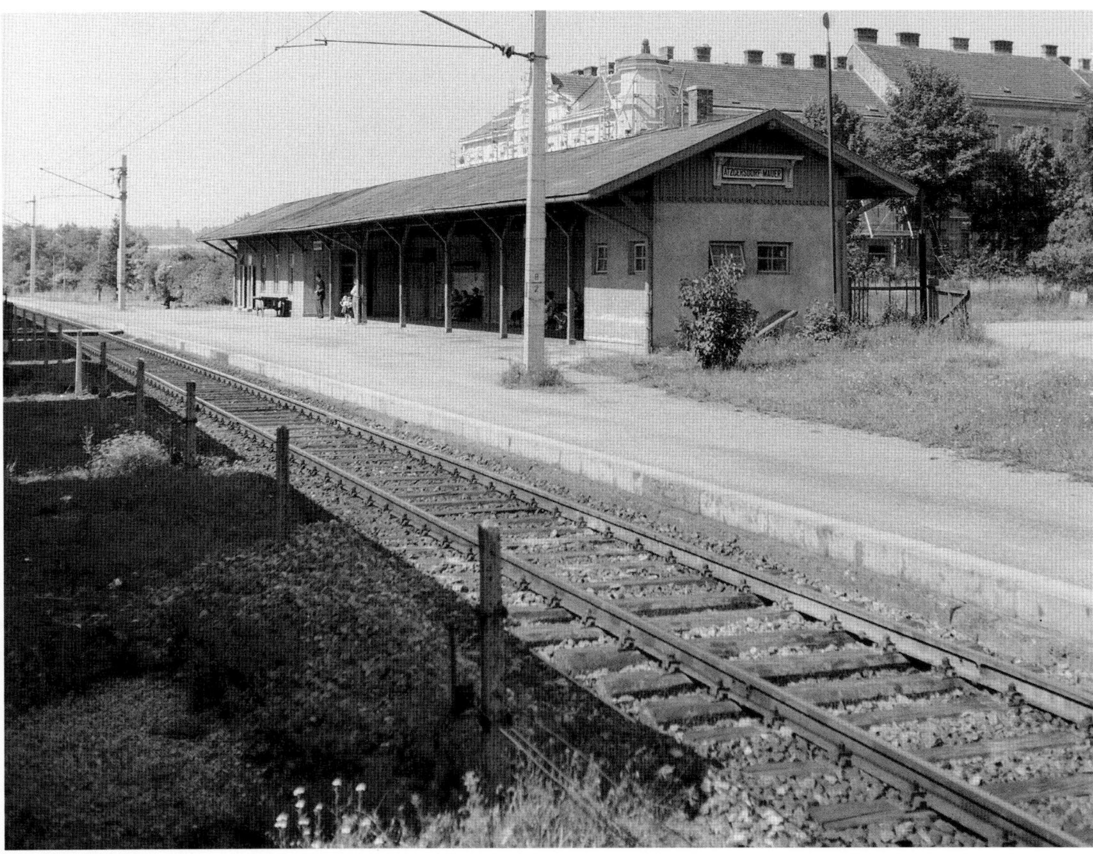
ATZGERSDORF-MAUER

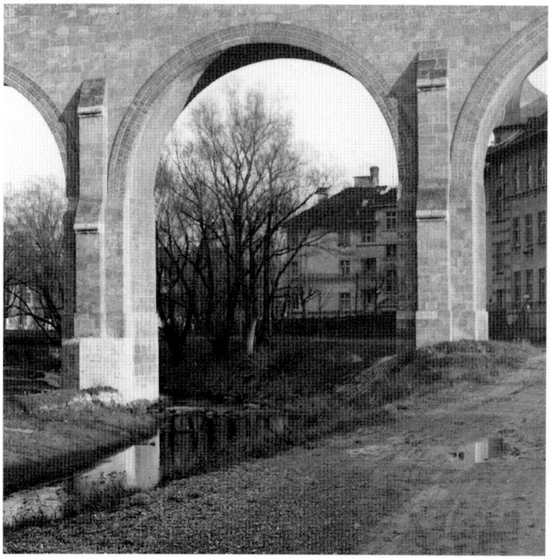

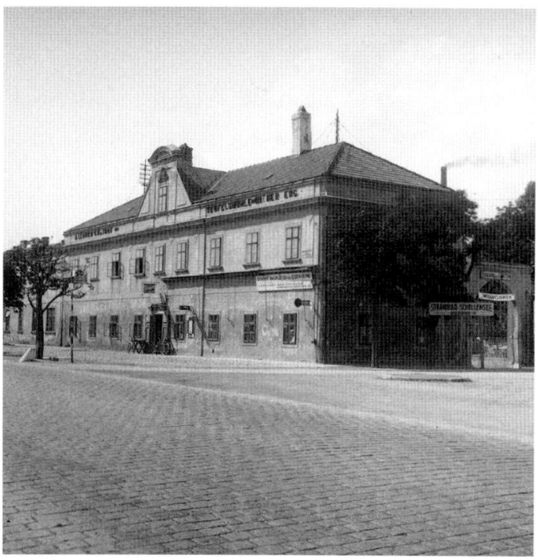

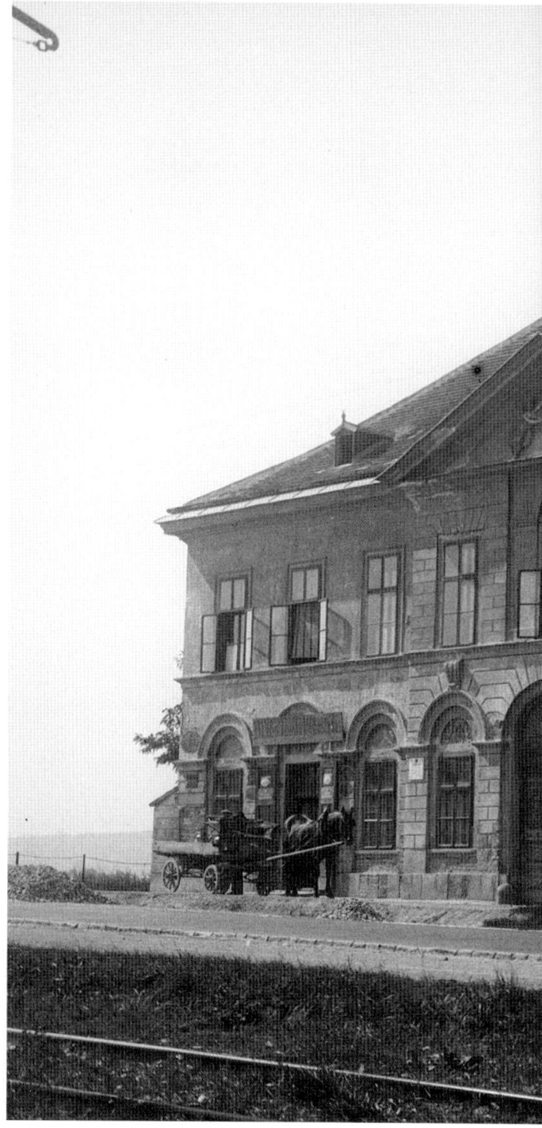

Seite 18

Liesing – Aquädukt der Ersten Wiener Hochquellen-Leitung.

Siebenhirten: der Gasthof „Teufelsmühle am Wienerberg“. Ganz rechts im Bild sieht man den schönen Torbogen, der zum Gastgarten führt.

Rechte Seite

Siebenhirten: Einkehrhof an der Triesterstraße. Wie das weiße Schild auf der rechten Seite des Gebäude ausweist, wurden im Haus auch „Spezialitäten, Delikatessen sowie Kurzware“ feilgeboten“.

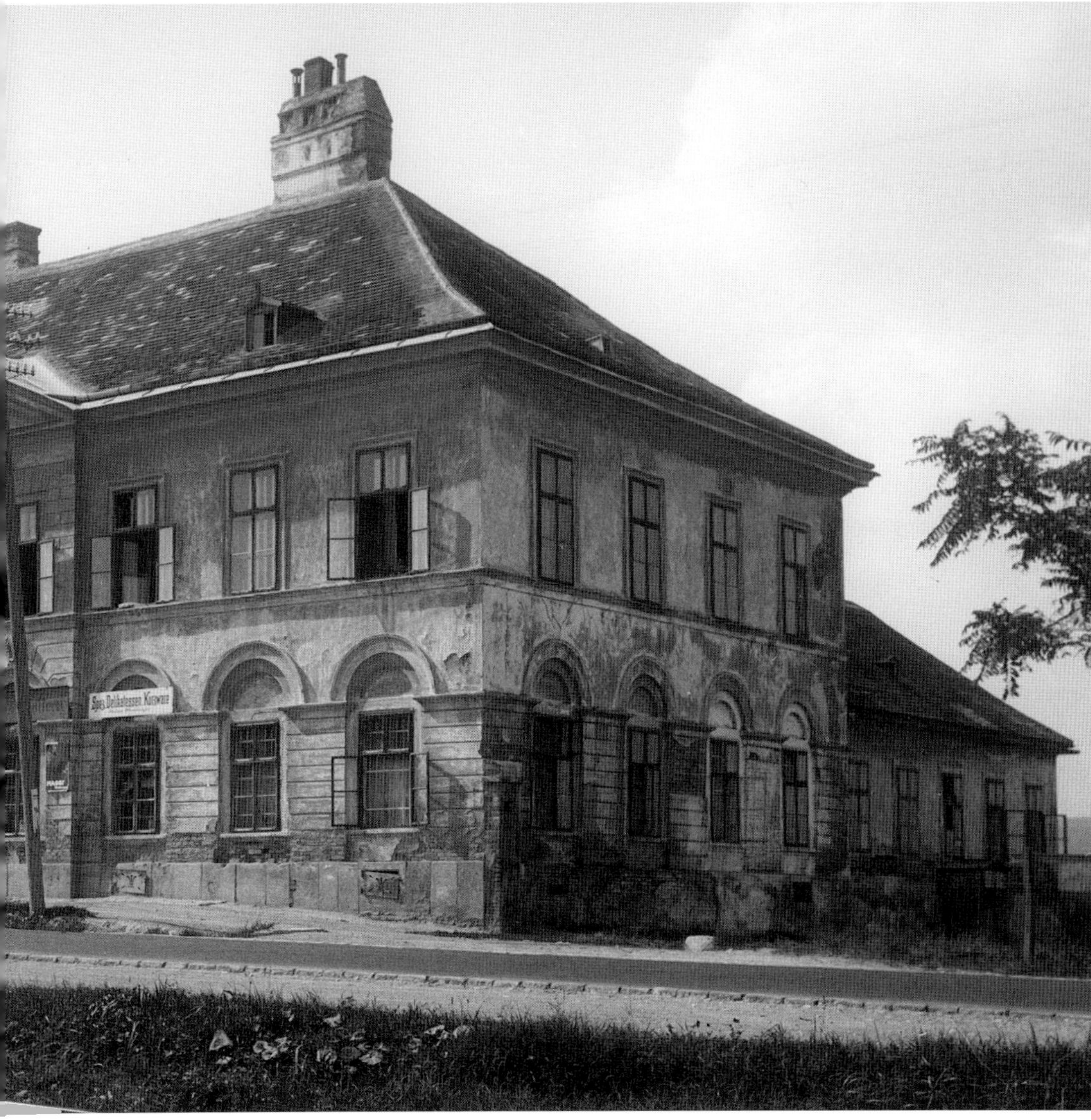

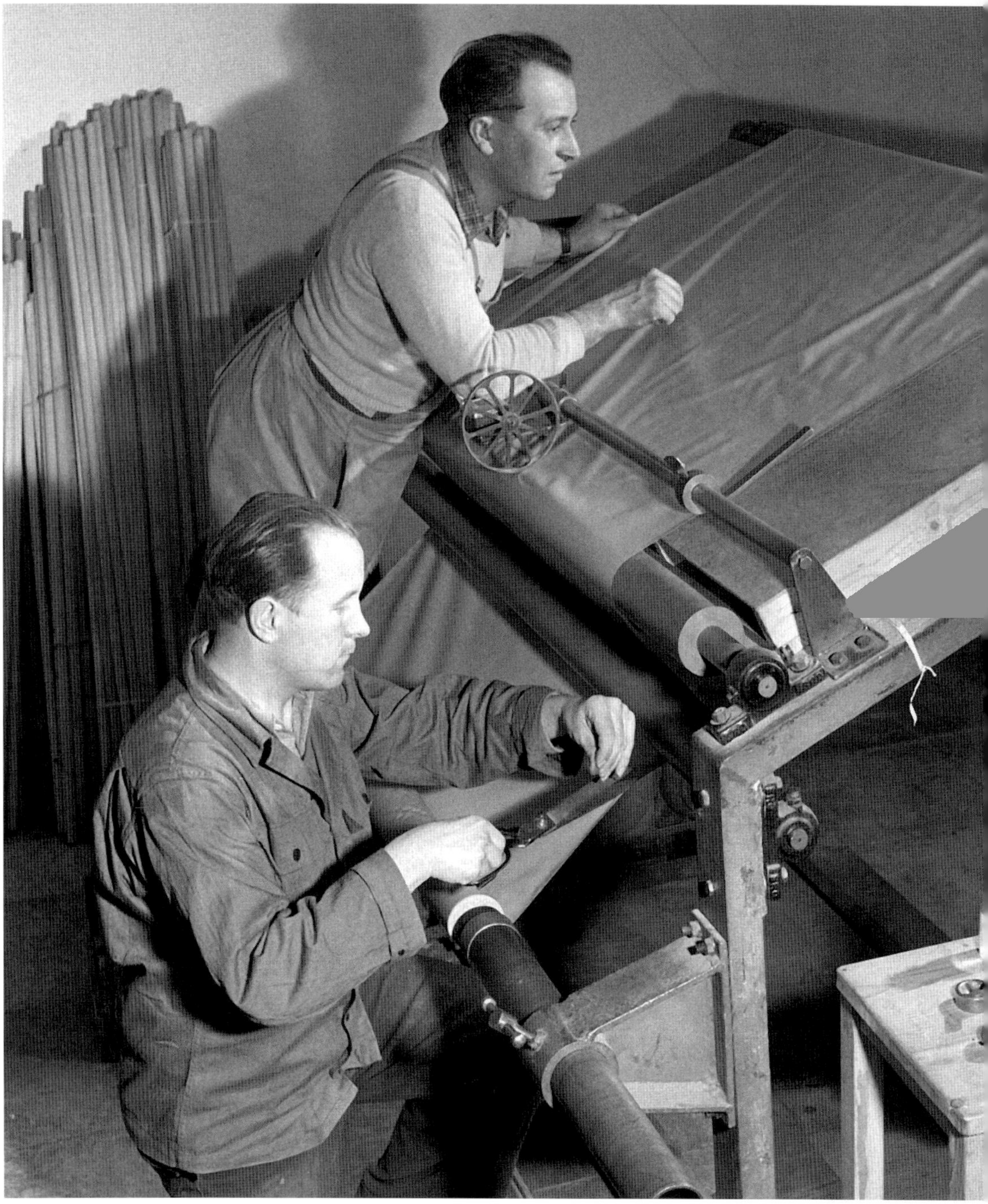

Seite 20

Das Gummi- und Plastikwerk „Perfekta“ in der Perfektastraße in Neuerlaa: Innenansicht Stofflager.

Rechte Seite
Die Außenansicht in einer winterlich verschneiten Aufnahme.

Eine weitere Innenansicht vom Stofflager: eine junge Frau bei der Arbeit.

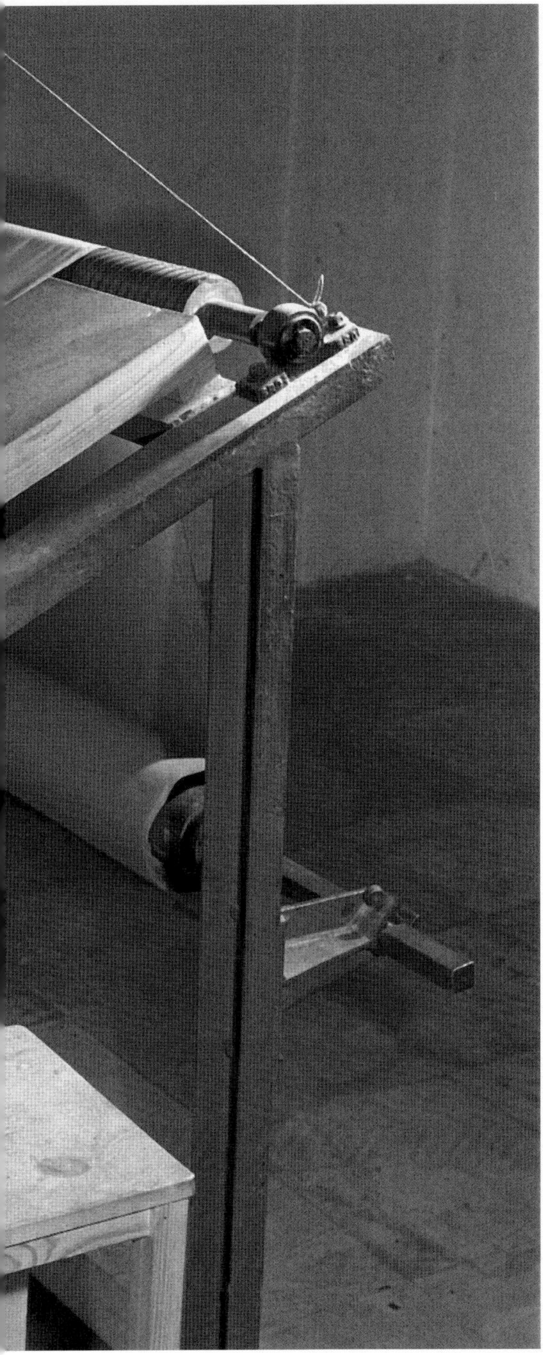

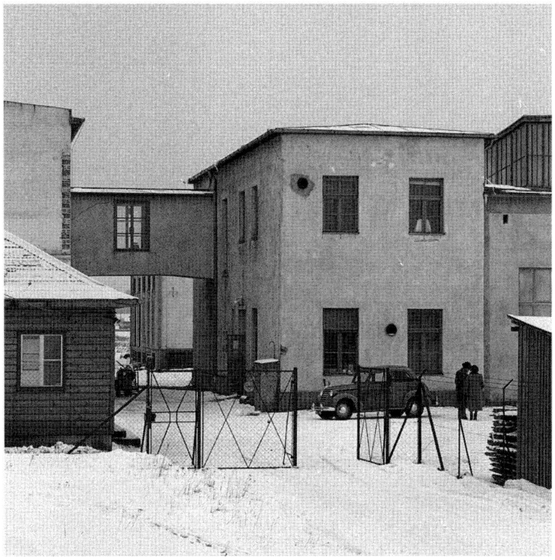

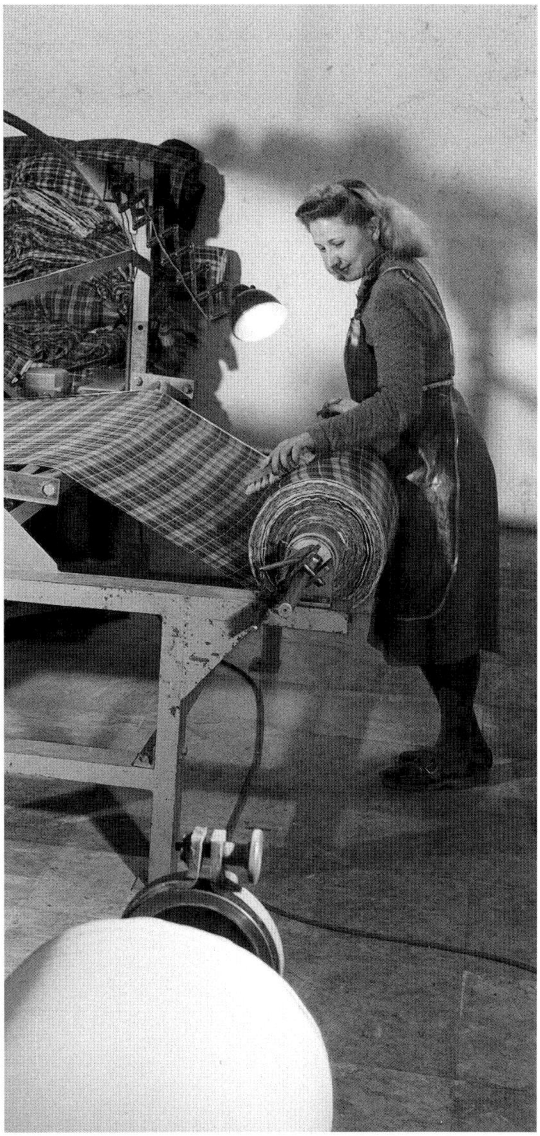

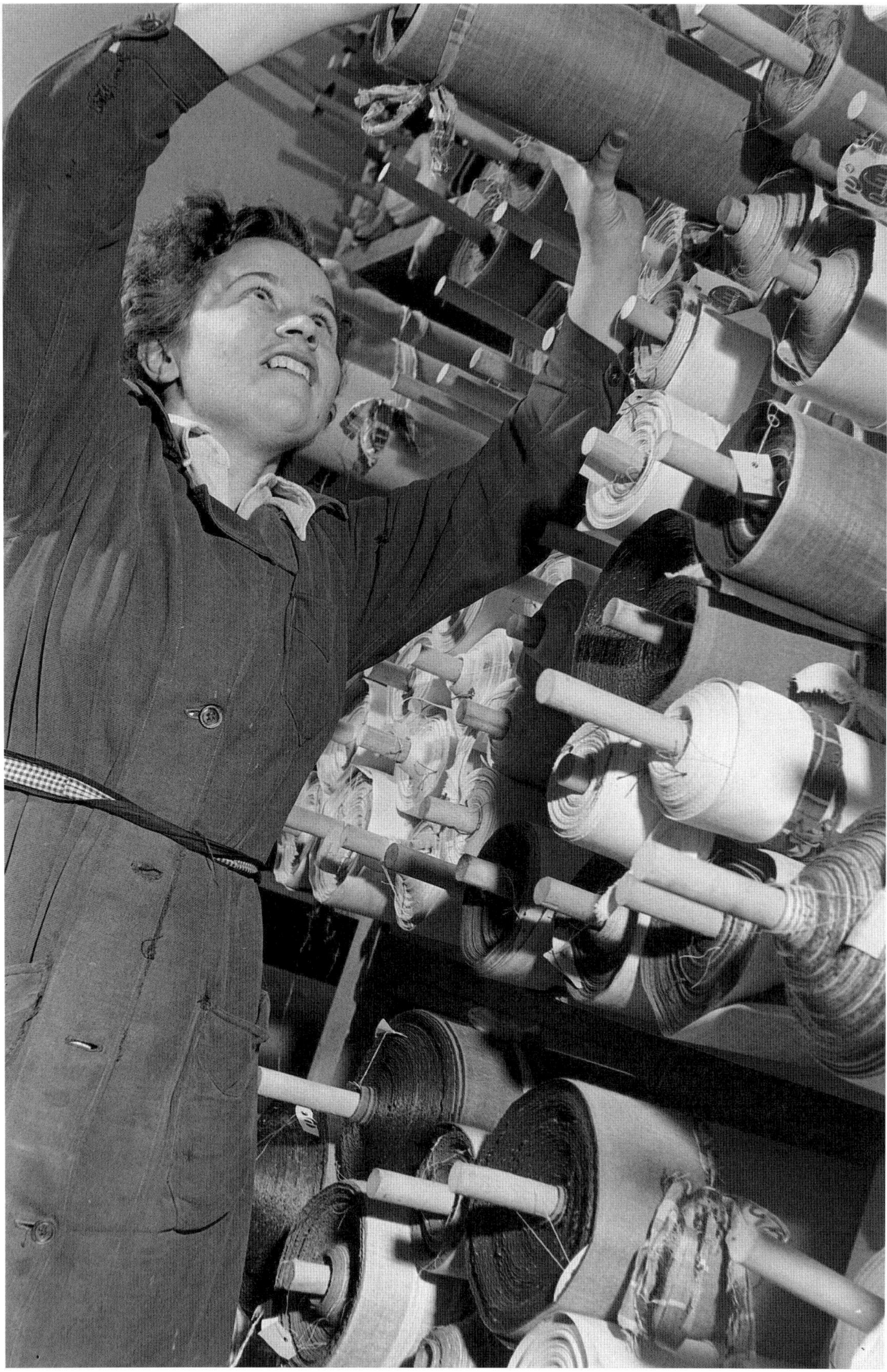

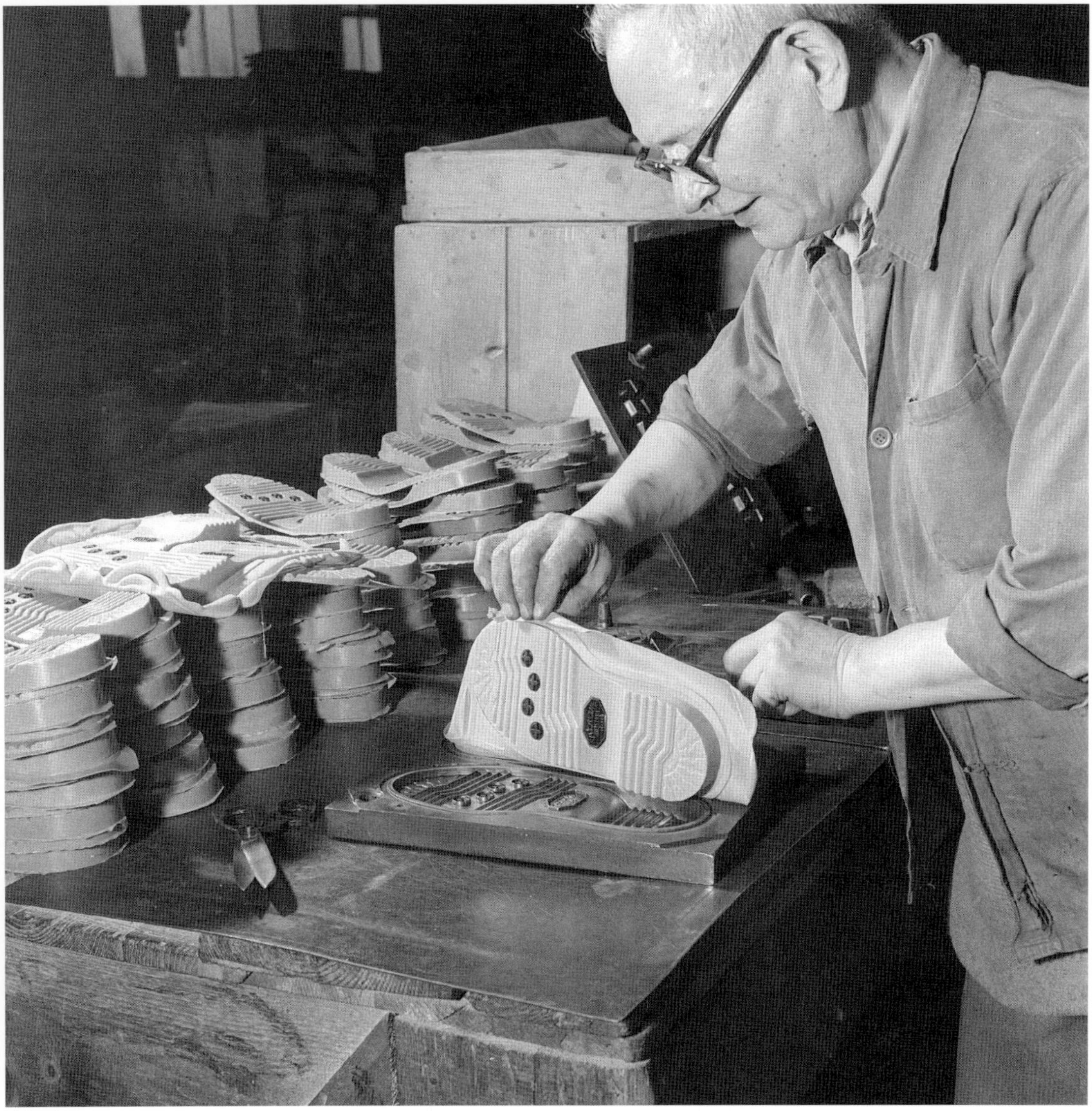

Seite 23

Das Gummi- und Plastikwerk „Perfekta“ in der Perfektastraße:
Innenansicht Stofflager: eine Arbeiterin beim Herausnehmen eines Stoffballens

Rechte Seite
Das Foto zeigt die Erzeugung von Schuhsohlen und Absätzen.

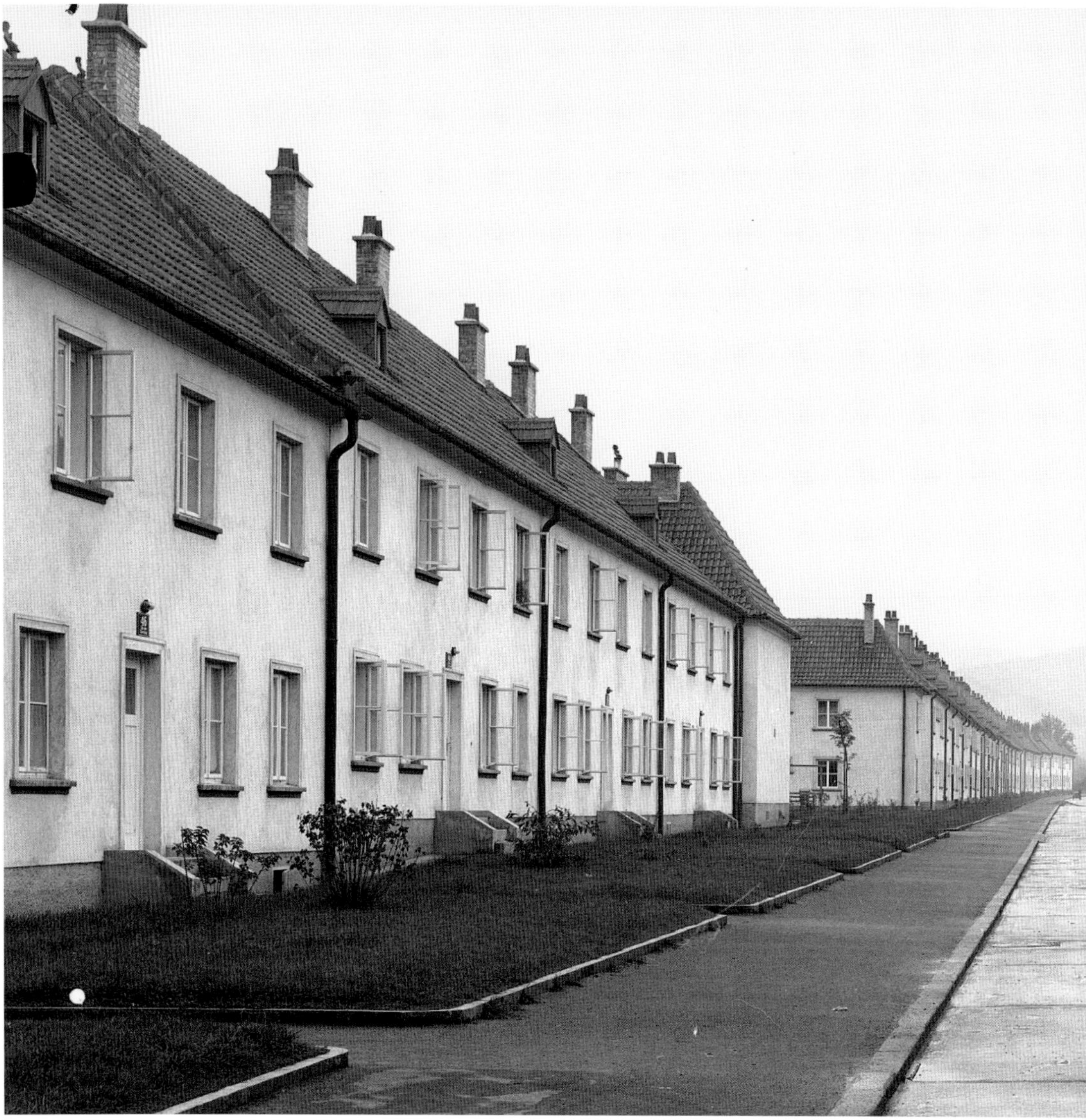

Seite 24

Zwei Aufnahmen: An der Liesing.

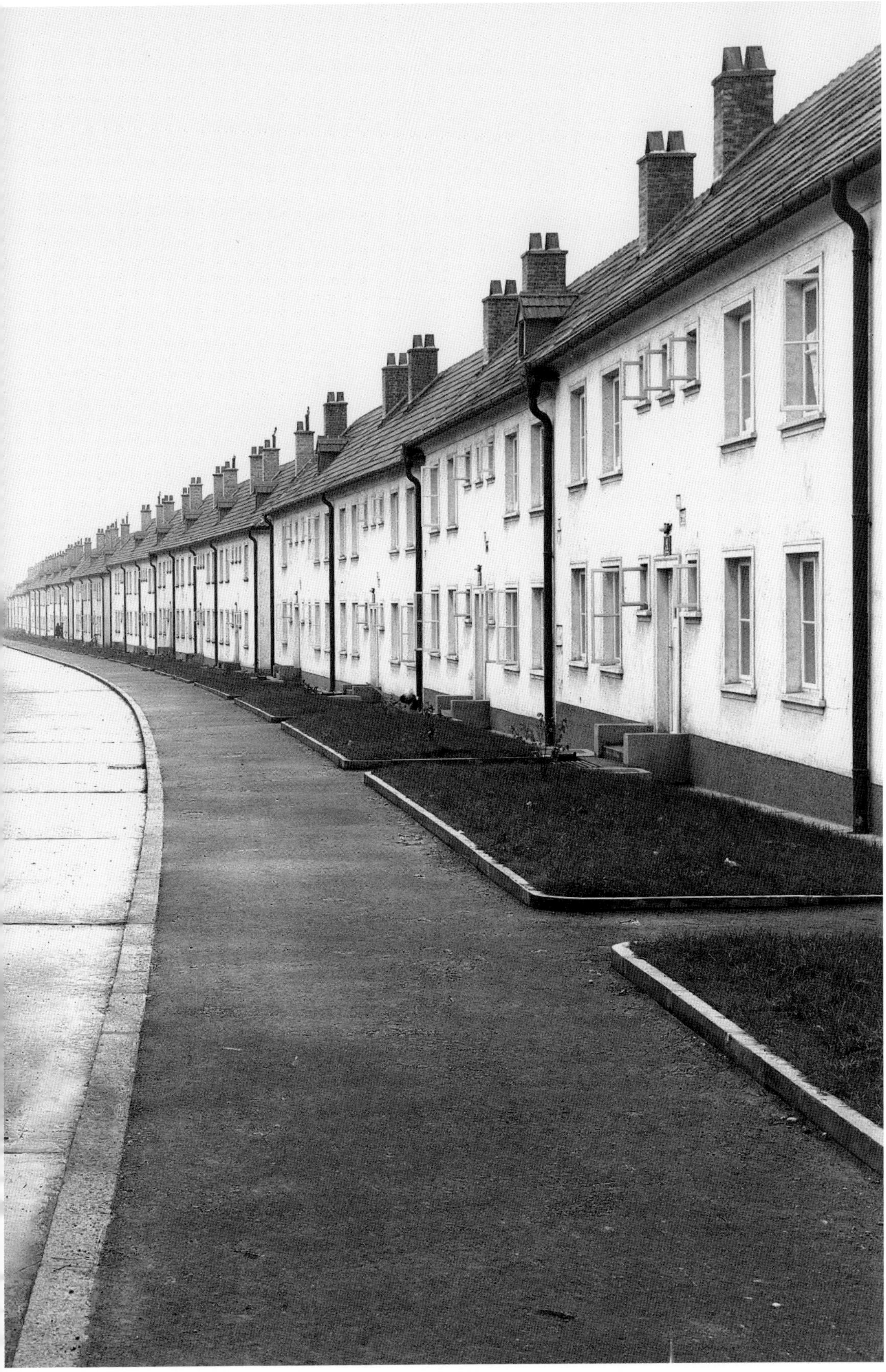

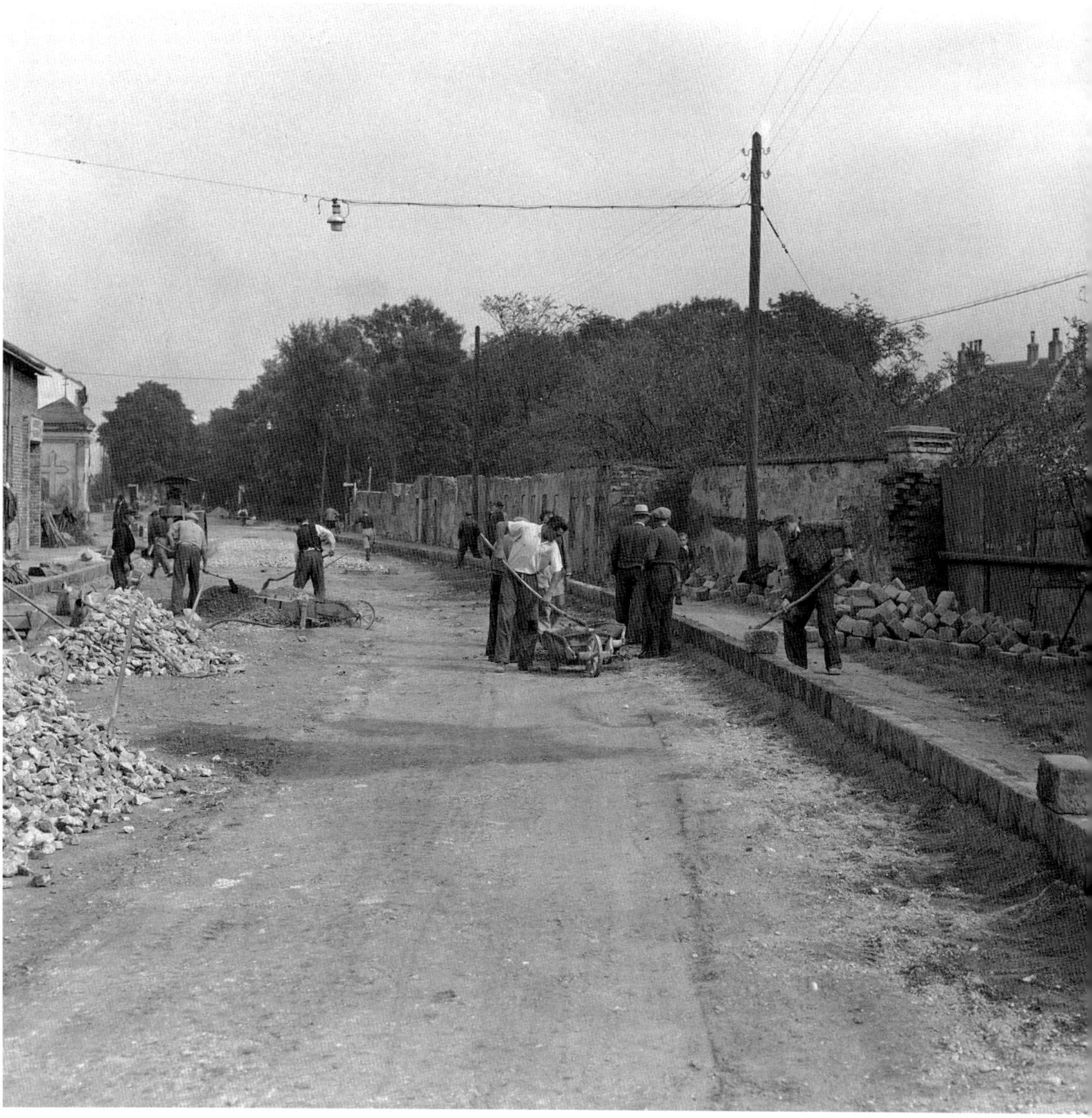

Seite 26

Breitenfurter Straße: Teilstücke in Atzgersdorf während Straßenbauarbeiten, 1952.

Rechte Seite

Altmannsdorfer Straße 307 und folgende: Durchblick stadtauswärts über die Meischlgasse, 1963.

Die Altmannsdorfer Straße 307 und folgende heute.

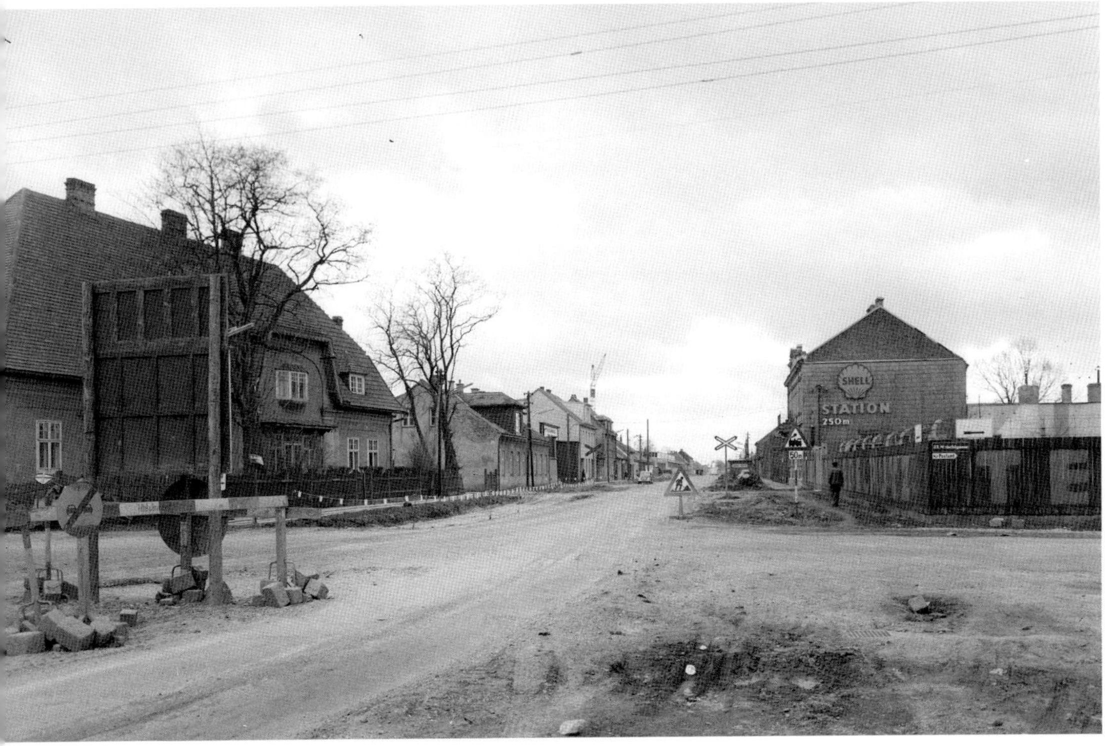
SHELL
STATION
250m

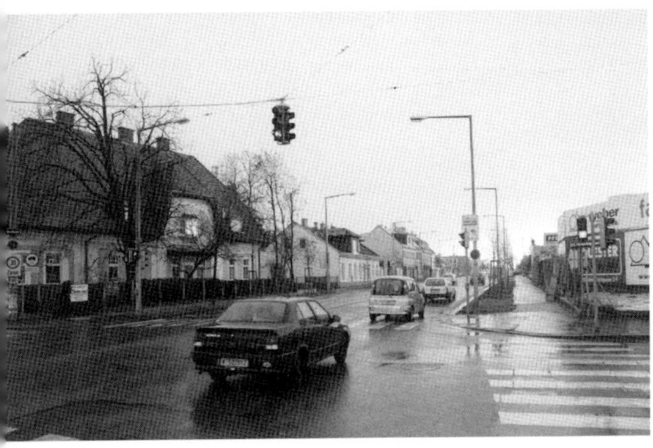

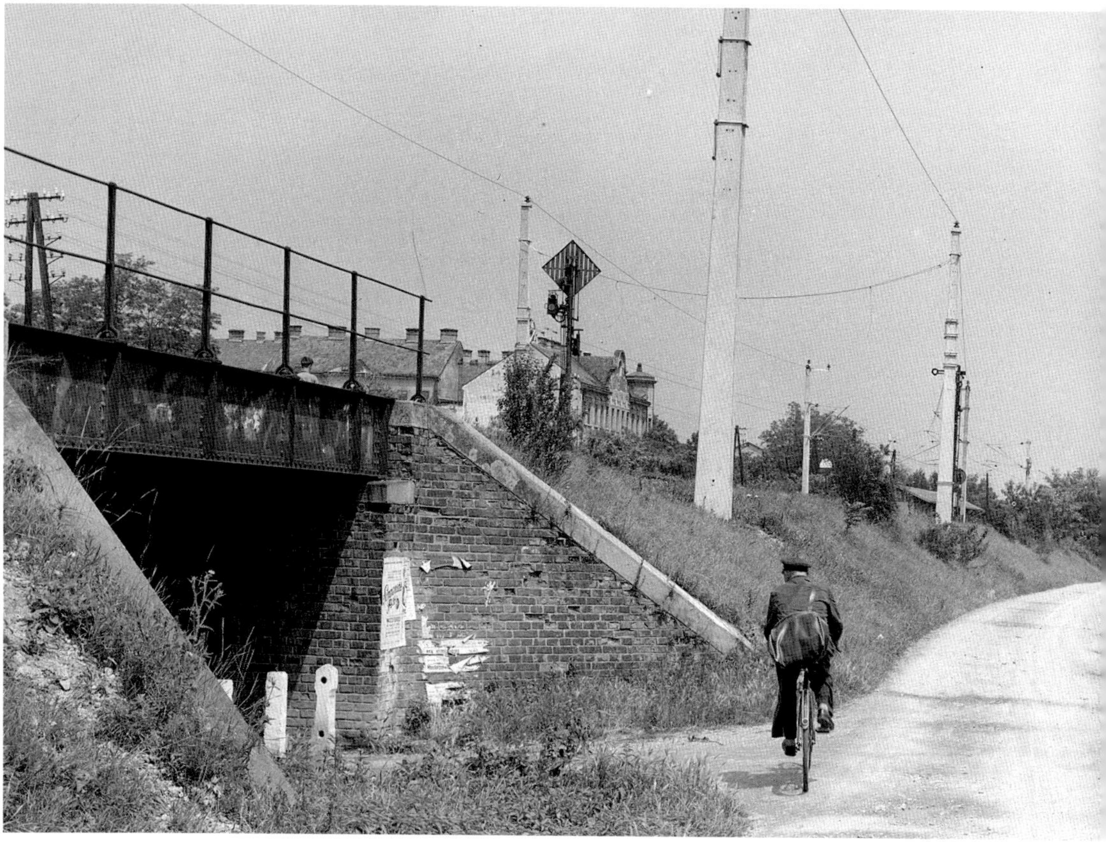

Seite 28

An der Bahnzeile: der Blick entlang der geschotterten Straße, 1956.

Rechte Seite

Eeine Aufnahem von der leicht „verschlammten“ Alvarsgasse, 1956.

Durchblick durch die Lemböckgasse stadteinwärts, 1955.

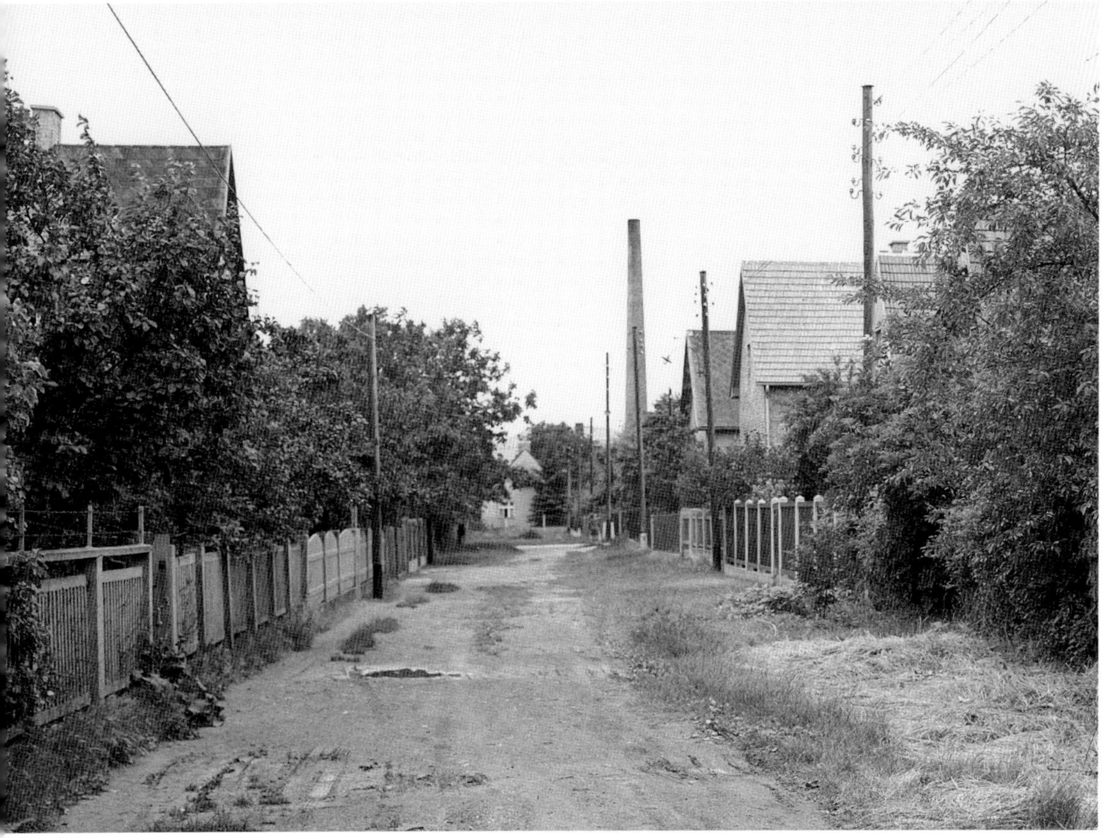

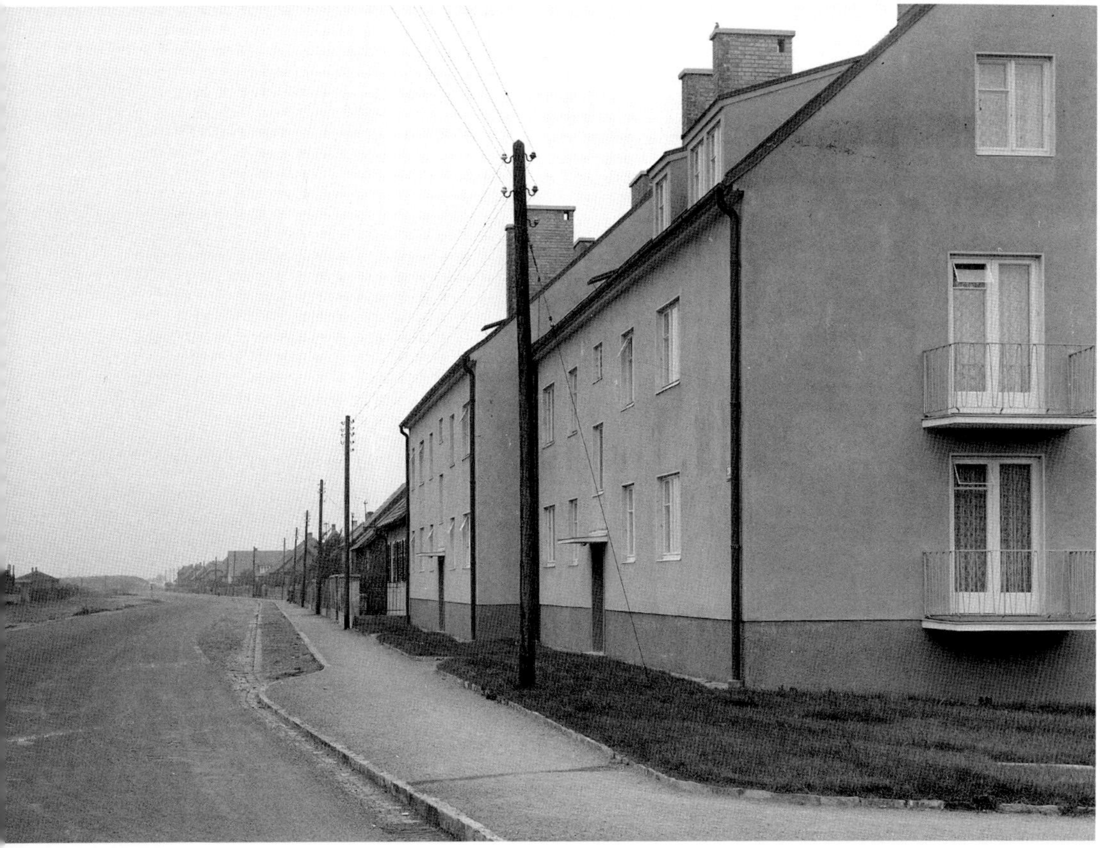

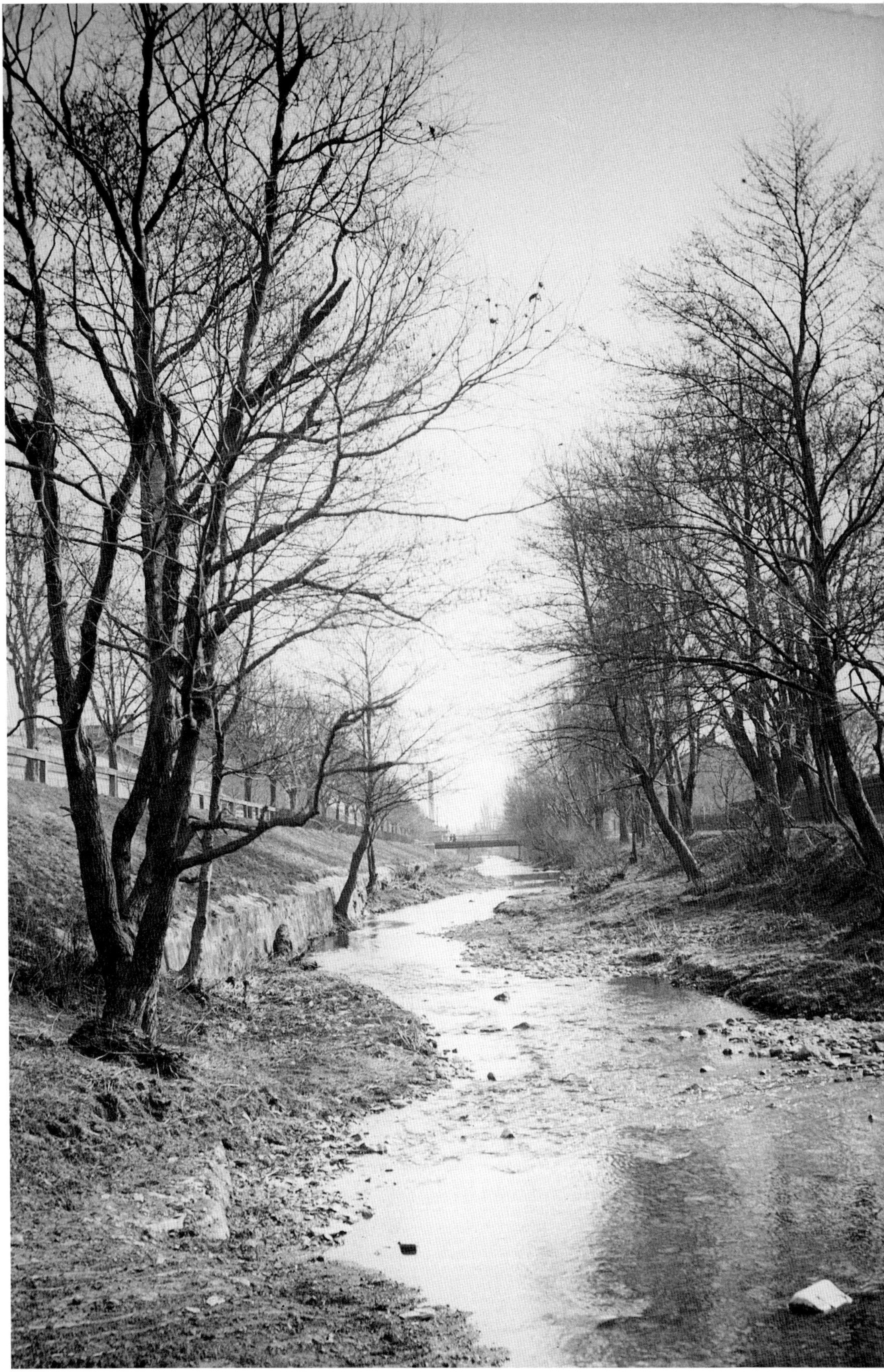

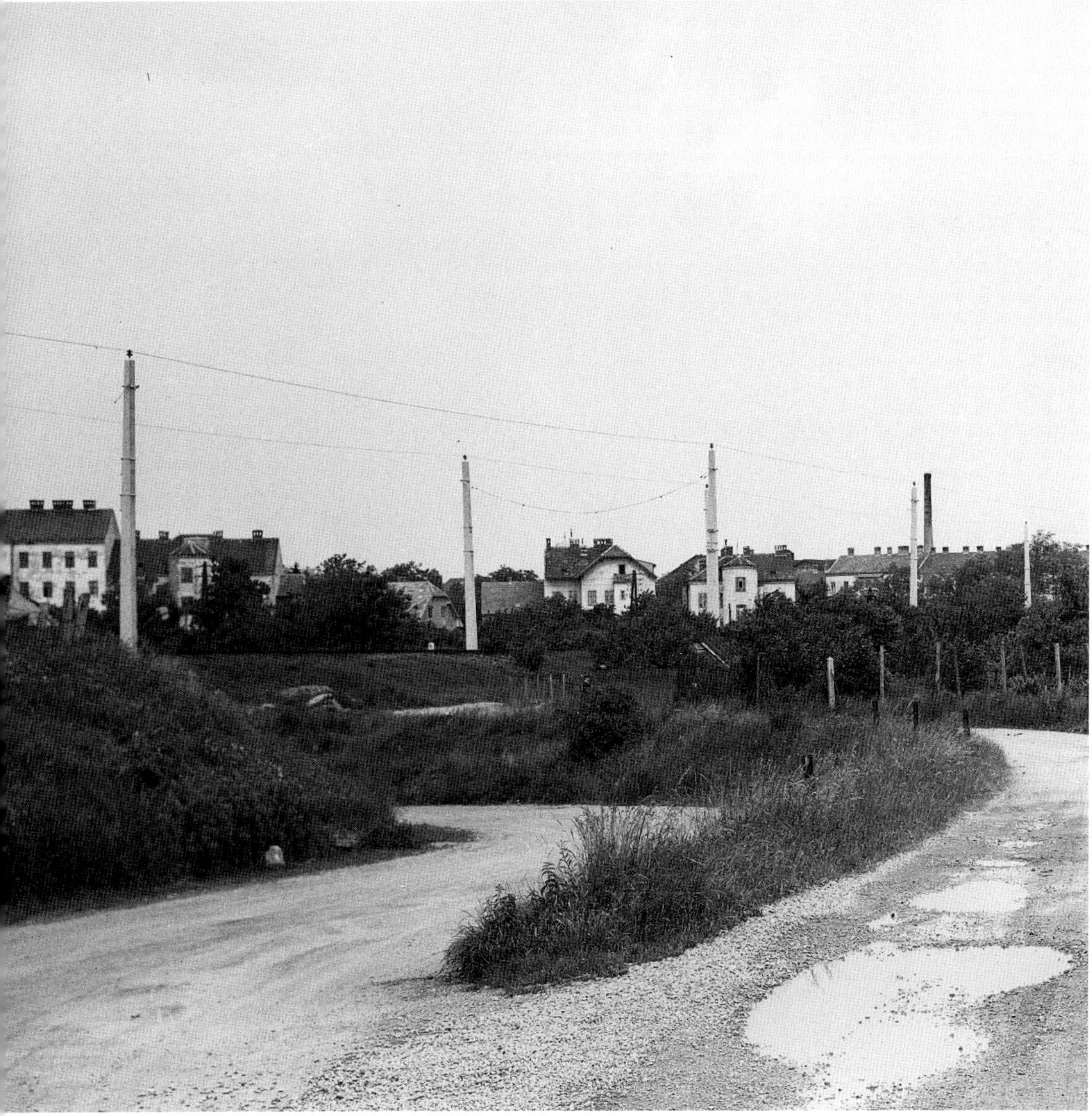

Seite 31

Der Liesingbach: eine Frühjahrsaufnahme.

Bahnzeile: Durchblick, 1956.

Inzersdorf

Inzersdorf wurde um 1200 als Eansceinsdorf erstmals erwähnt. Wenig später taucht es als Imzendorf auf. Fast ebenso alt ist die Triester Straße. Diese durch Inzersdorf führende Hauptverkehrsader findet bereits im Jahre 1357 Erwähnung. Aufgrund mehrerer Ausgrabungen ist bewiesen, dass quer durch das Ortsgebiet eine römische Heerstraße geführt haben muss.

Im Mittelalter hatte die Siedlung immer wieder wechselnde Grundherren.

Unter den Türkenbelagerungen litt Inzersdorf schwer und erholte sich nur langsam. In der Mitte des 18. Jahrhunderts erholte sich die Siedlung und es erfolgte ein wirtschaftlicher Aufschwung, bedingt durch die landwirtschaftliche Nutzung des Gebietes. Die 1775 gegründeten Ziegelwerke auf dem Wienerberg, der damals noch zu Inzersdorf gehörte, führten zudem zu vermehrter Ansiedelung und in Folge zu wirtschaftlicher Entwicklung. Inzersdorf wurde zum Arbeiterdorf.

Auch nach 1848 wude das Leben hauptsächlich von den Geschicken der Ziegelwerke gelenkt und bestimmt. 1886 nahm die Badener Bahn ihren Betrieb auf und trug zu einer Verbesserung der Verkehrssituation bei. Als bei der Eingemeindung der gesamte Wienerberg dem 10. Bezirk zugesprochen wurde, bedeutete dies einen schweren Schlag für den Ort.

Die Gemeinde erholte sich erst nach dem Ersten Weltkrieg langsam.

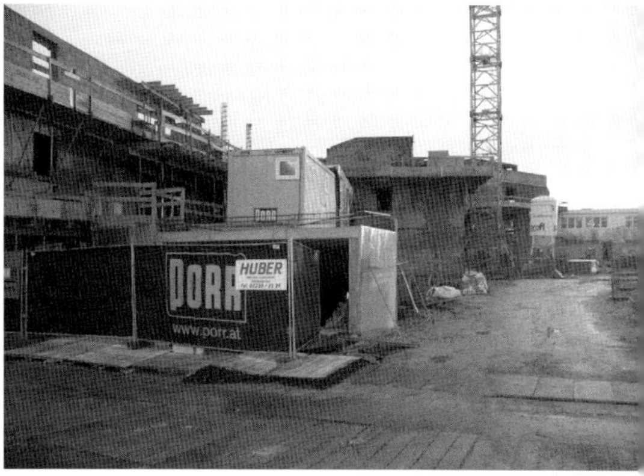

So sieht es derzeit in der Draschestraße 13 aus – es wird gebaut.

Rechte Seite

Draschestraße 13: Portal mit darüber befindlicher Marienstatue schräg von links, 1930er-Jahre.

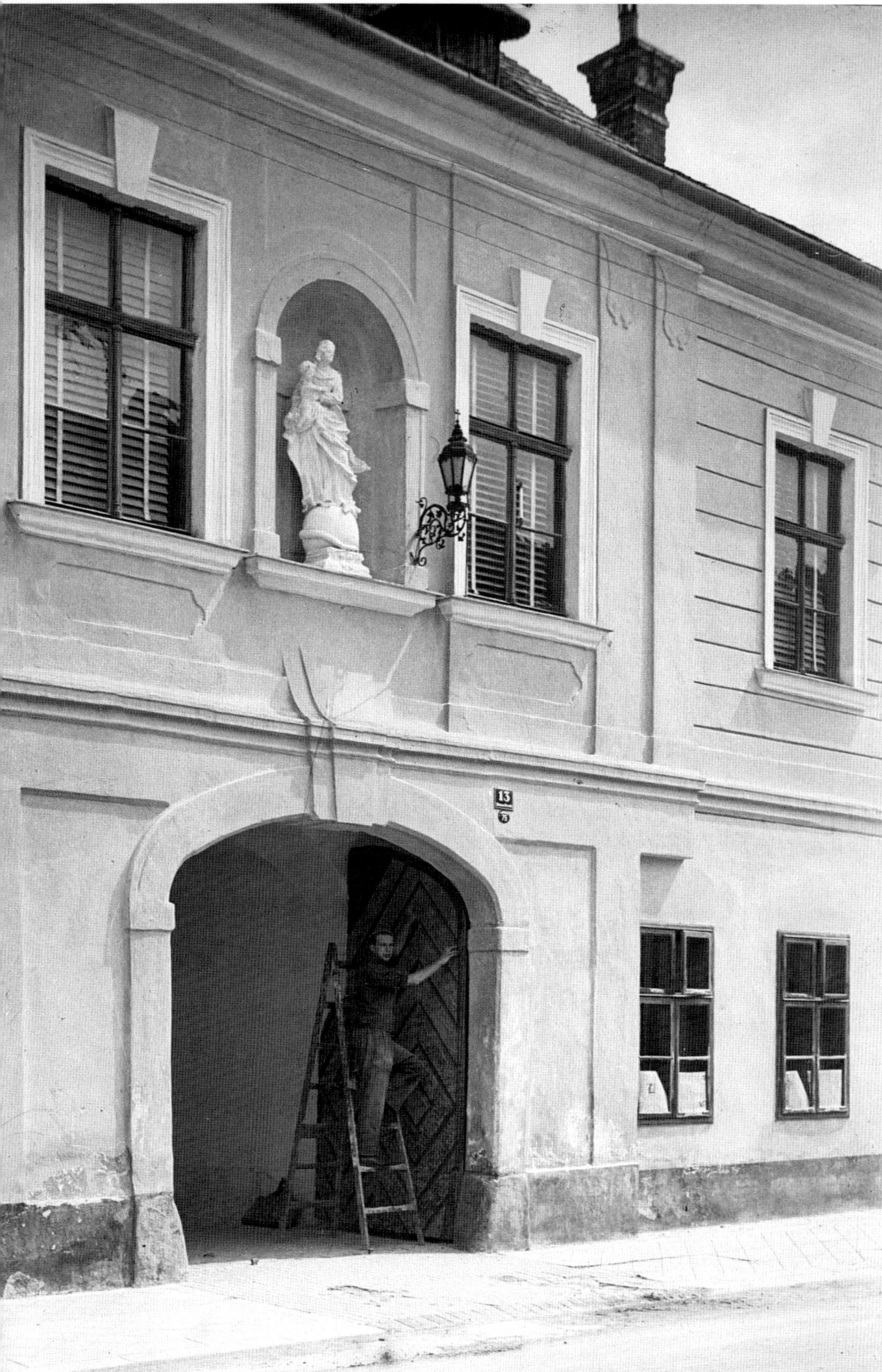
13

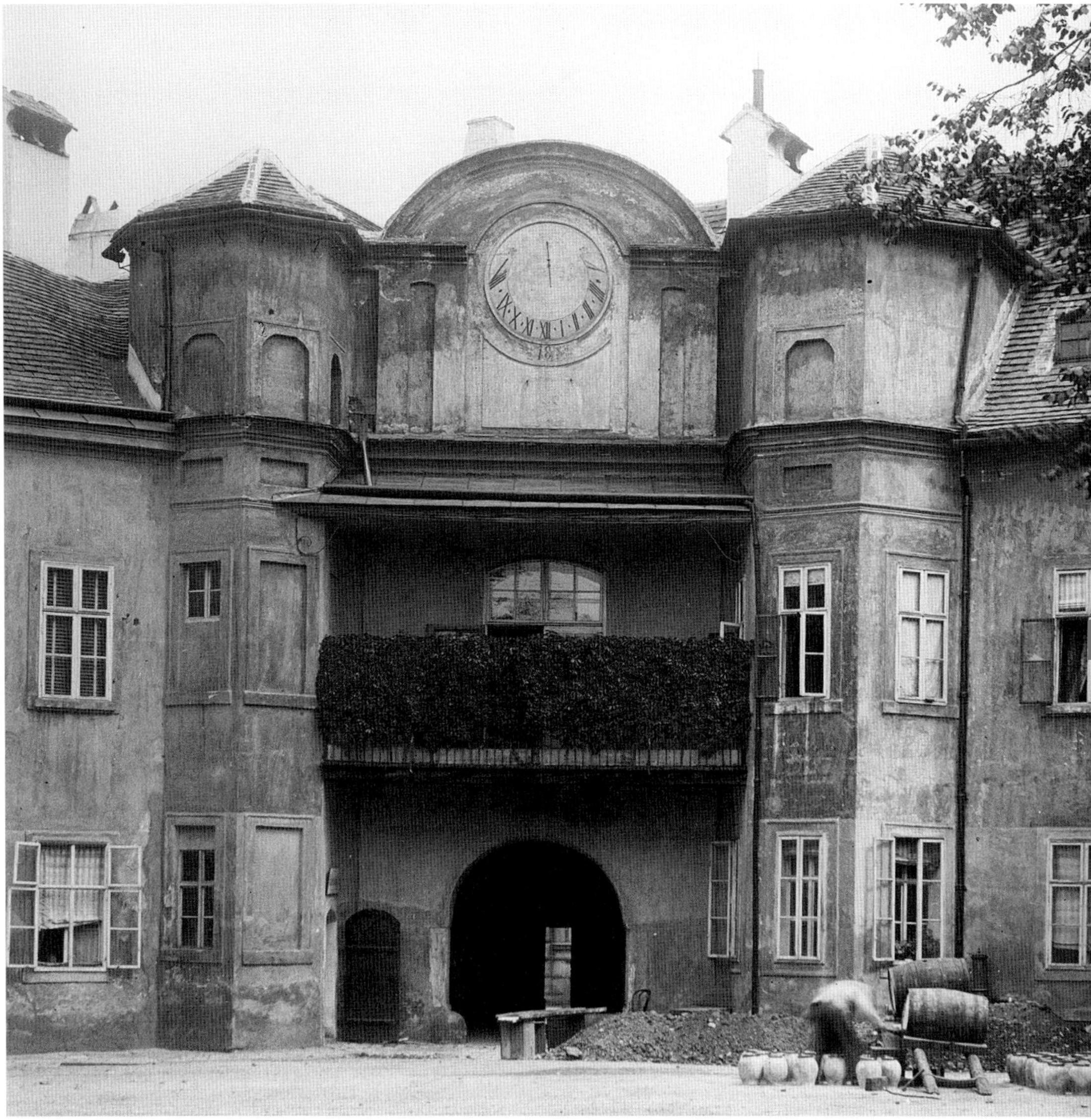

Seite 34

Das Rathaus, im Vordergrund rechts ein Arbeiter beim Tagewerk.

Rechte Seite

Pfarrkirche „Zum heiligen Nikolaus“, von links vorne, 1917.

Einstöckiges Gebäude um 1910.

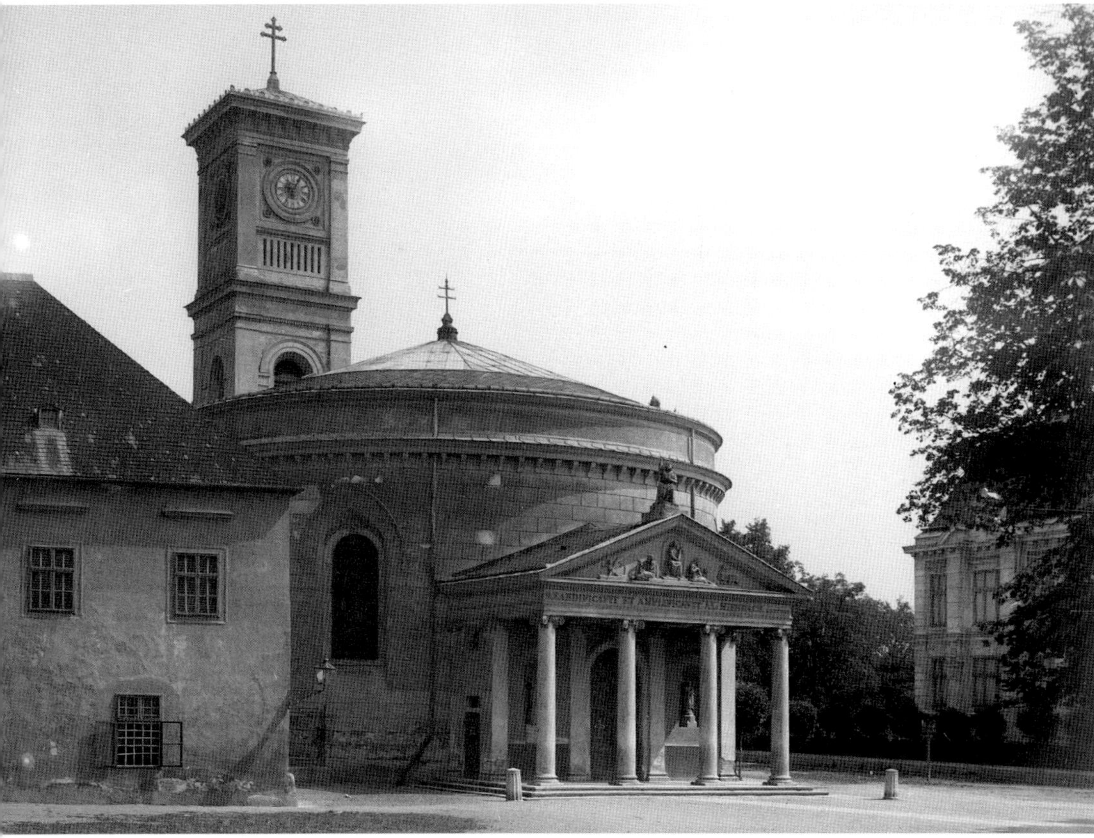

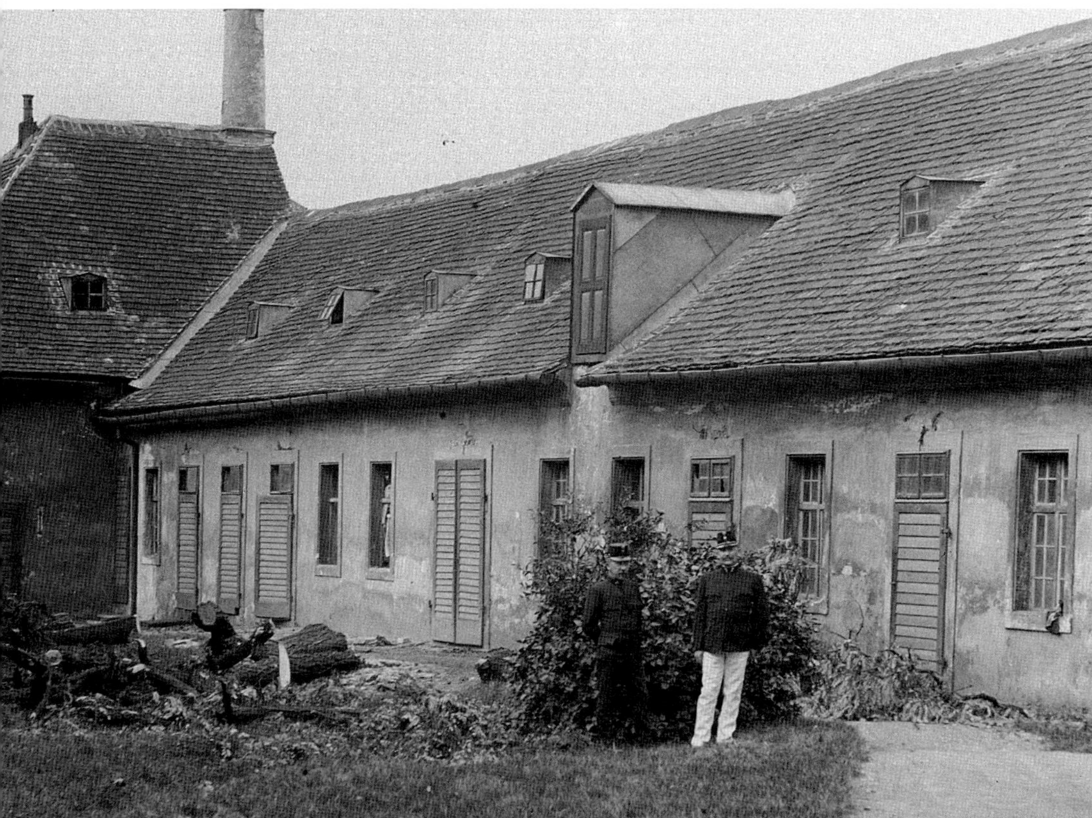

Seite 36

Ein Flugbild von Süd-Südwest des Sanatoriums in der Emil-Fries-Straße aus den 1930er-Jahren.

Rechte Seite

Die Parkfront des Sanatoriums.

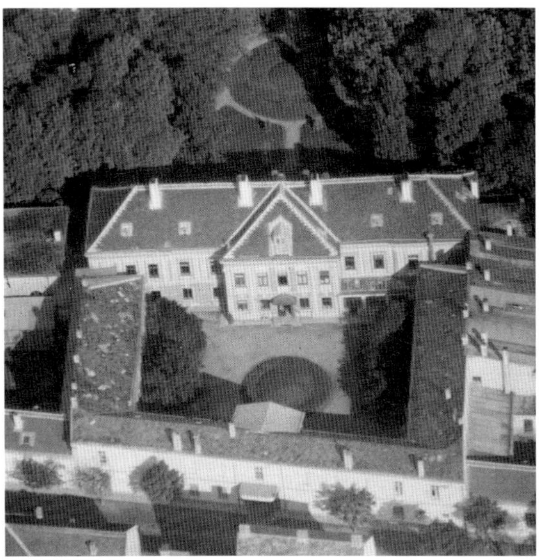

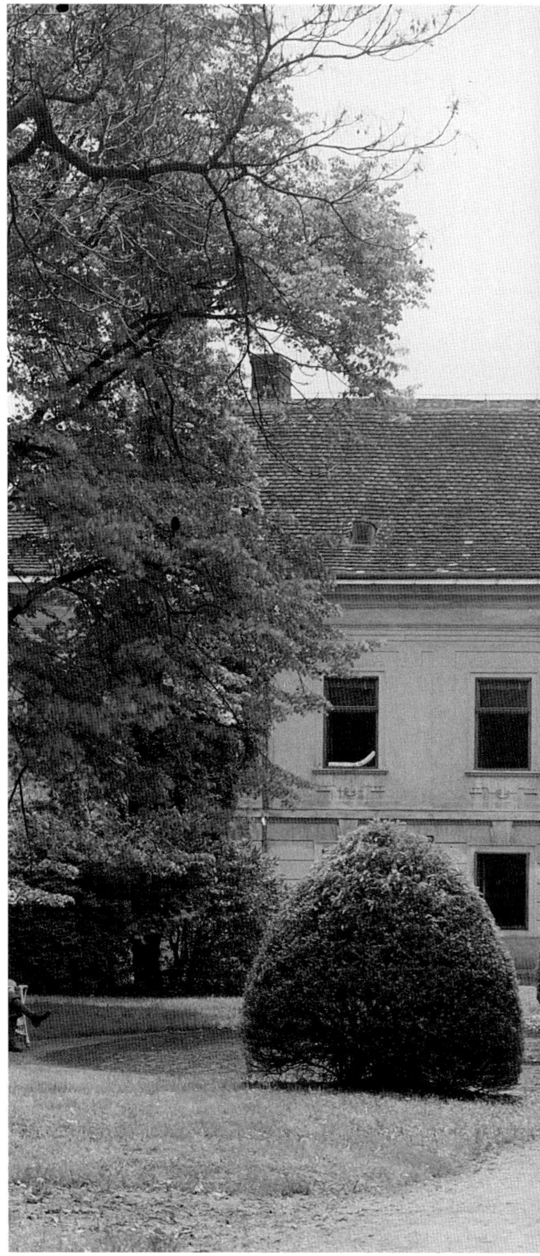

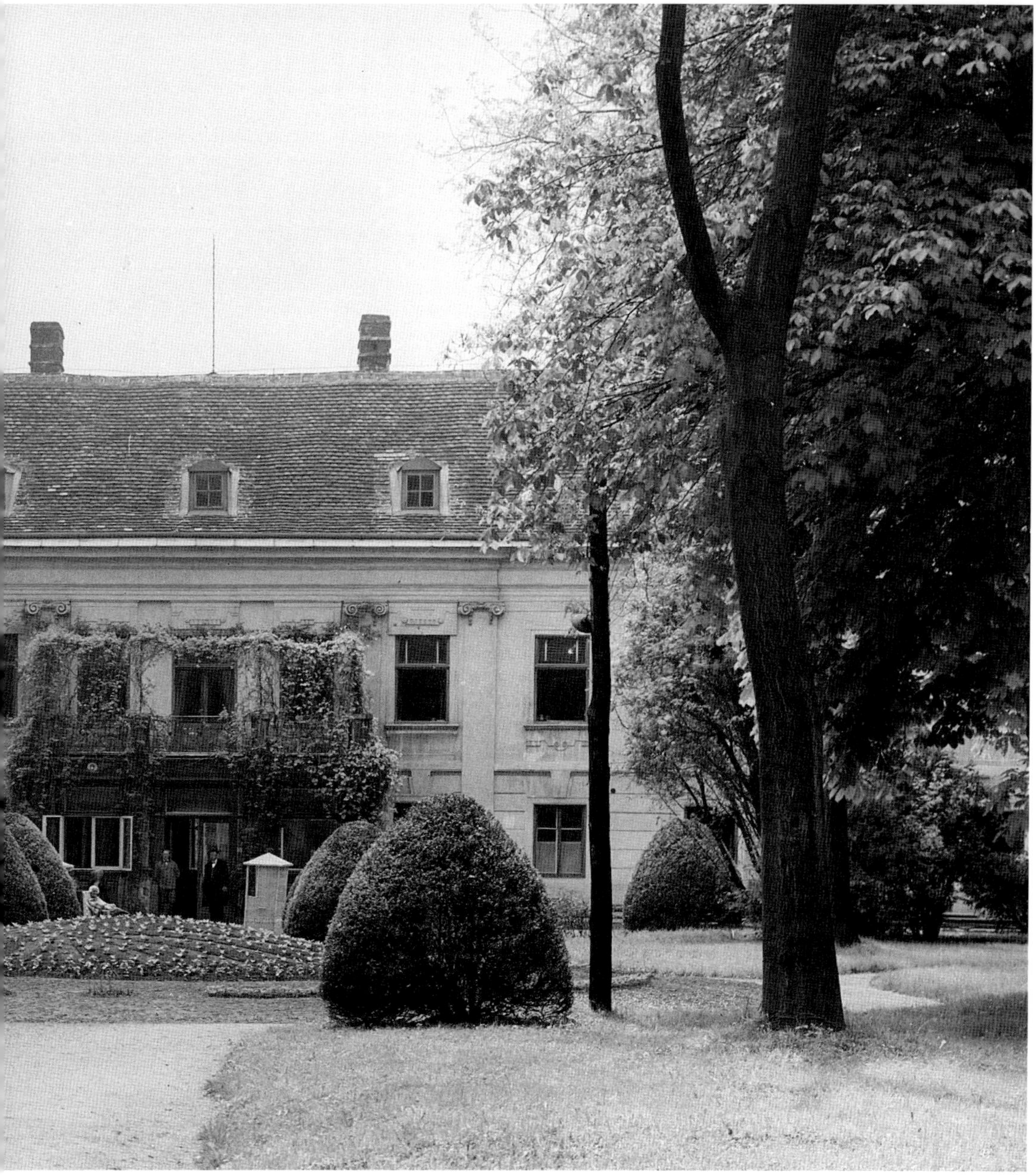

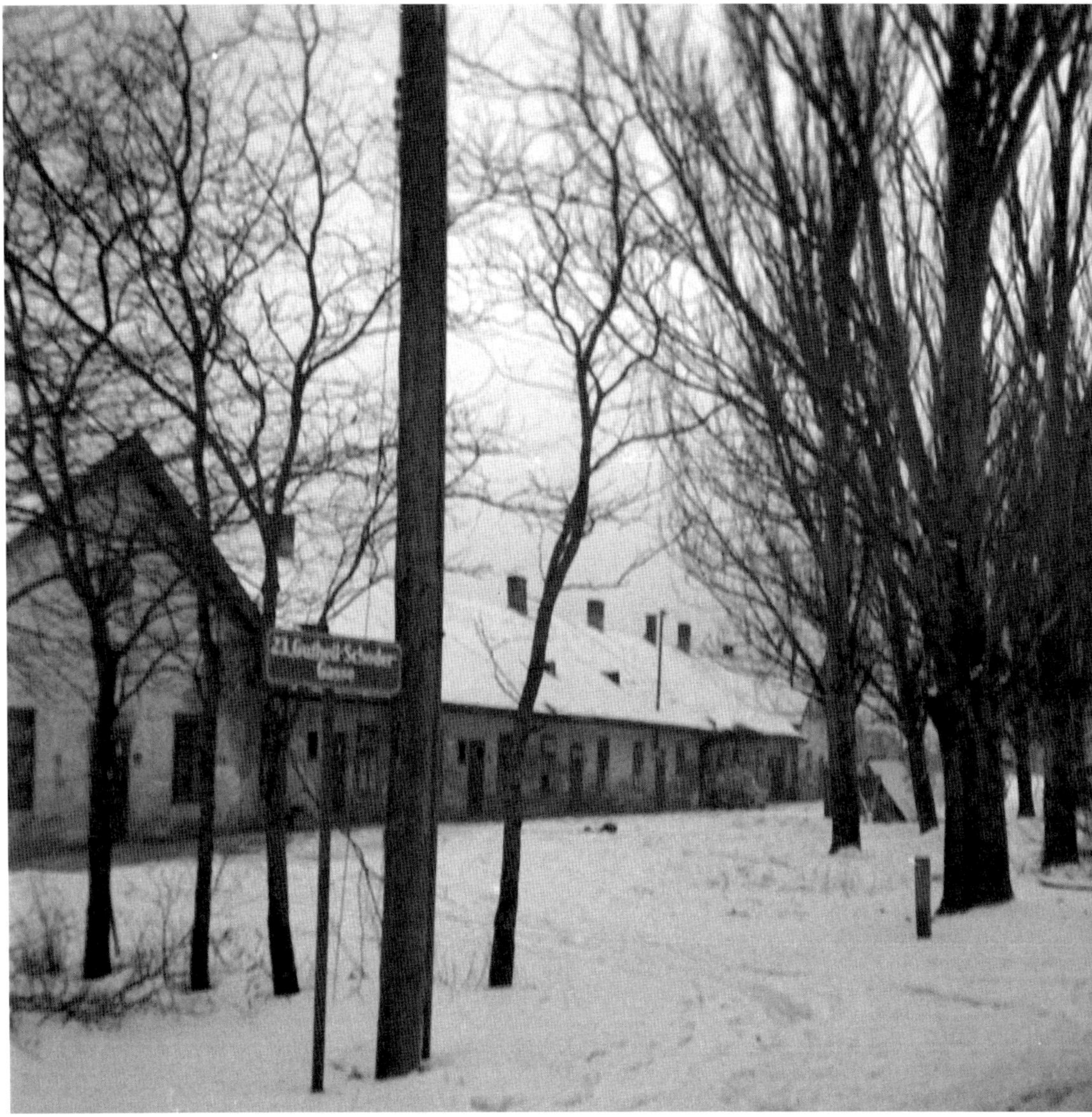

Seite 38

Altes Haus in der Gutheil-Schoder-Gasse in einer winterlich verschneiten Aufnahme, 1942–45.

Rechte Seite

Eine alte Häuserzeile in der Hochwassergasse.

Schwarze-Heide-Siedlung: Durchblick in die Mozartgasse, 1954. Seit 1961 heißt die Gasse Paminagasse, nach der Gestalt aus Mozarts „Zauberflöte“.

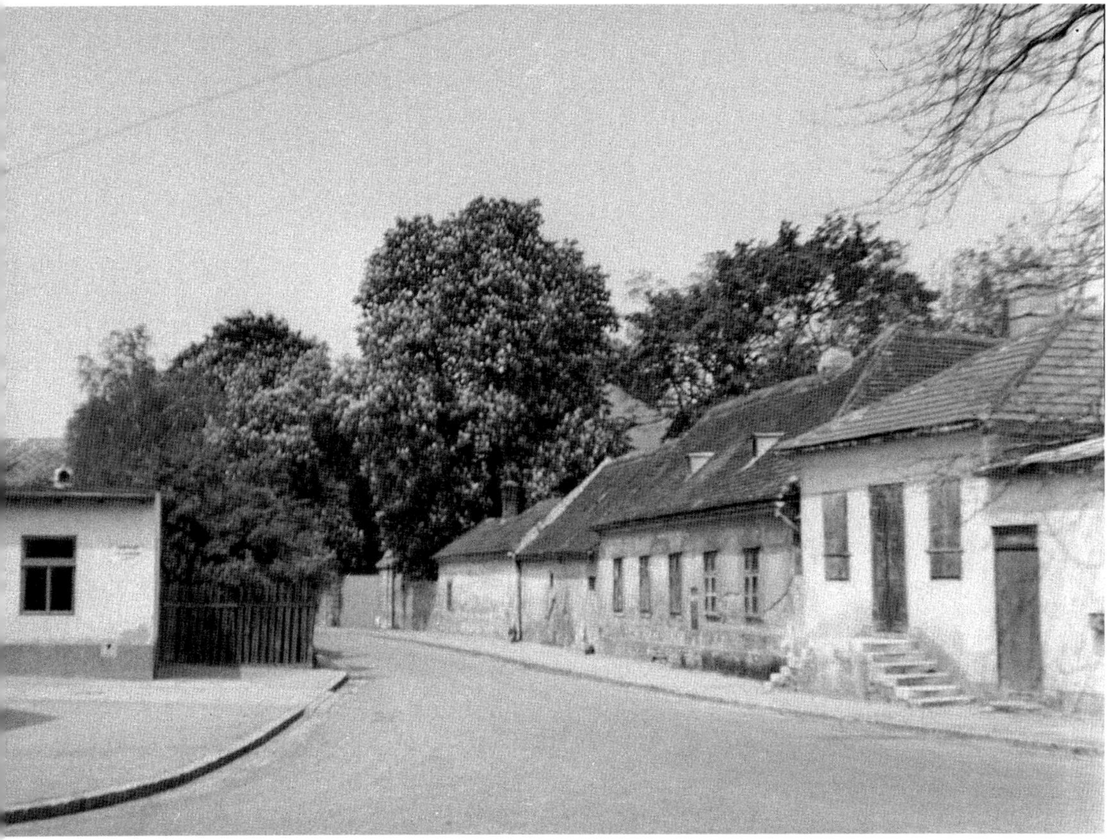

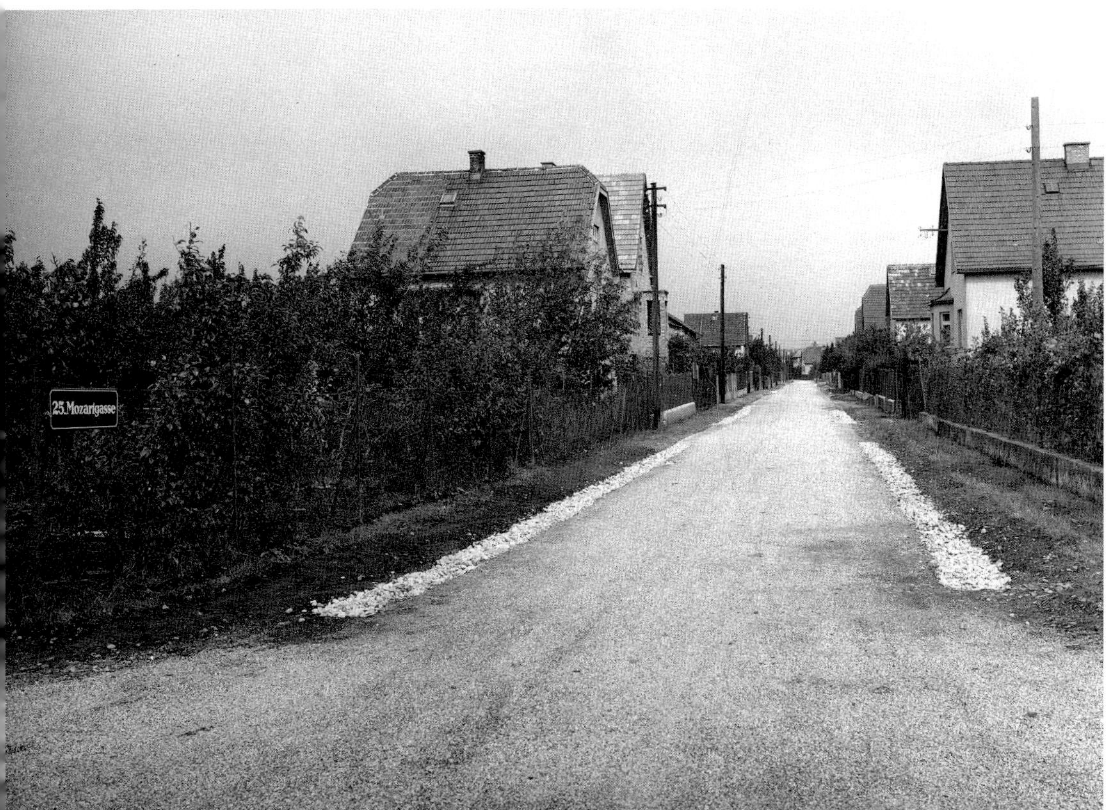
25. Mozartgasse

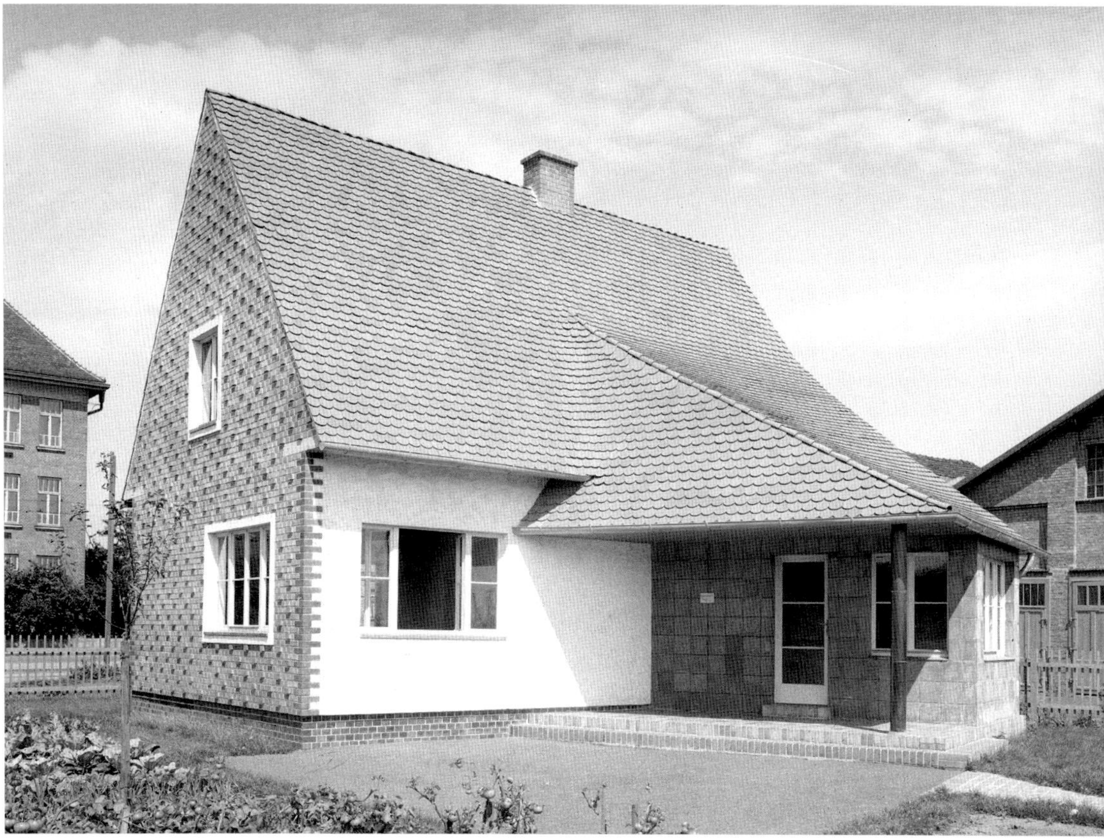

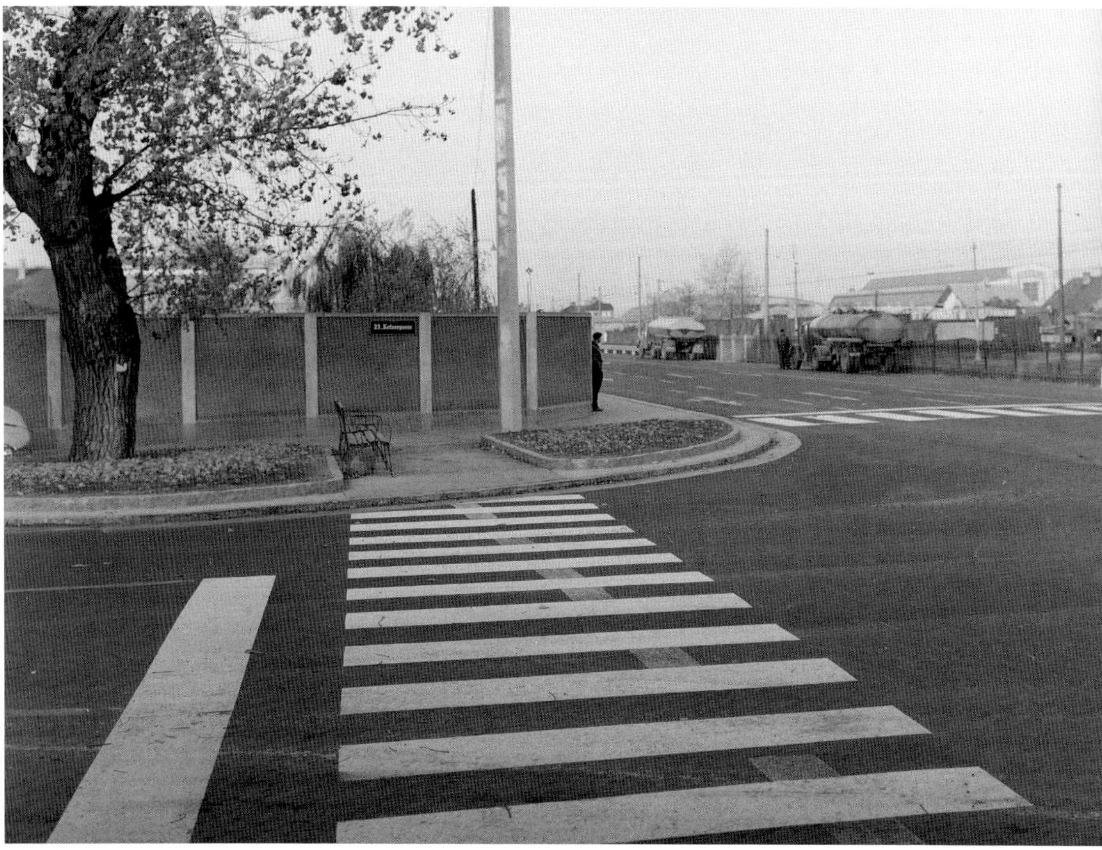

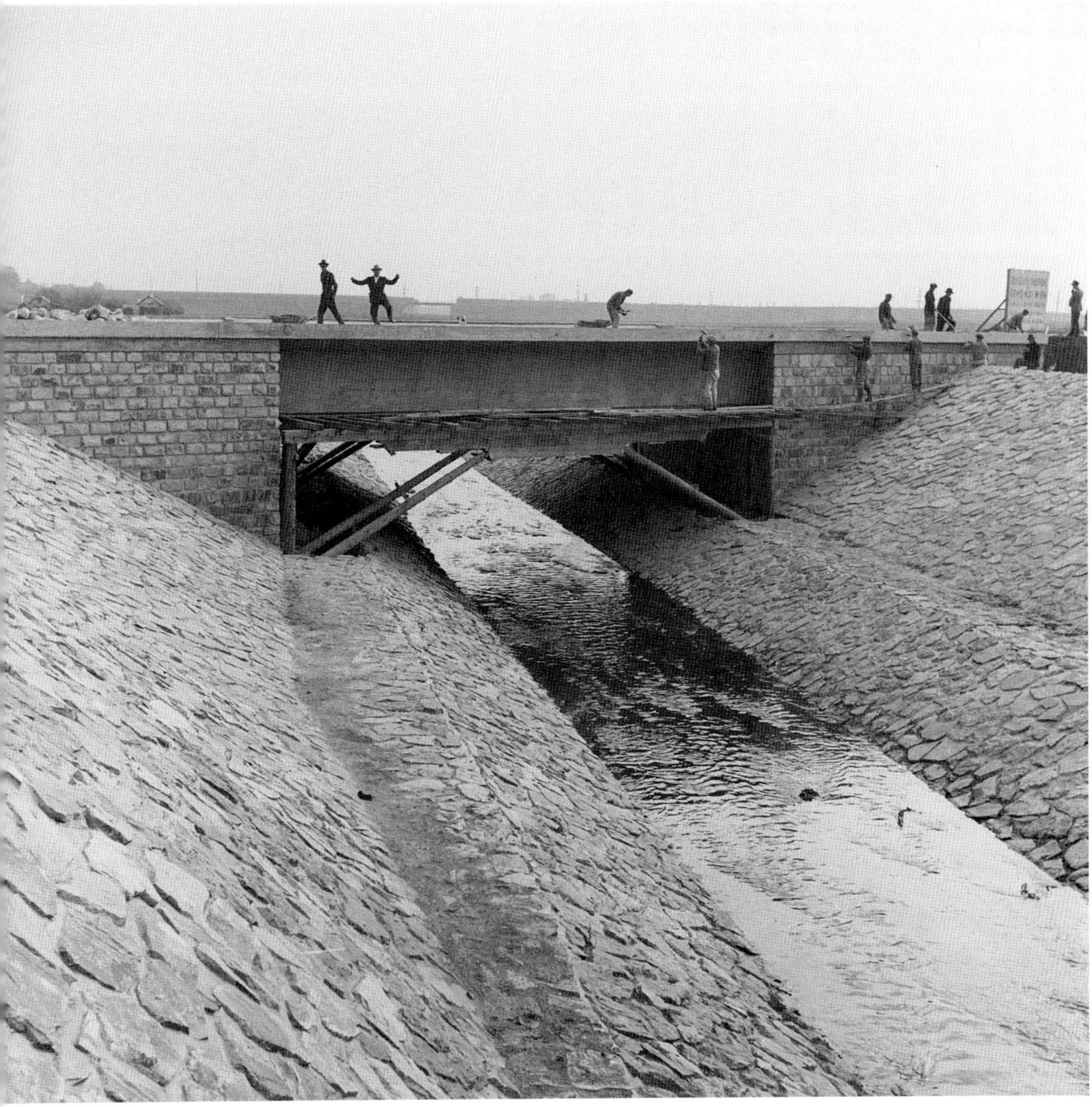

Seite 41

Musterhaus der Wienerberger Ziegelwerke für die Verwendung von Ziegeln und Keramik im Kleinhausbau, 1937.

Die Triester Straße: Teilstück, Blick schräg von links übers Ecke der Ketzergasse stadteinwärts, 1959.

Rechte Seite
Liesingbachregulierung in einer Aufnahme Frühjahr 1952.

Kalksburg

Kalksburg wird im Jahre 1243 als Chalbesperch schriftlich erwähnt. Der Name leitet sich nicht vom „Kalk“ her, sondern von „Kalb“. 1666 lautet er Kalksperg und 1840 erstmals Kalksburg.
Es soll einst eine Burg gegeben haben, die in etwa gegenüber der Himmelswiese gestanden sein soll. Da kein Stein jener Festung übrig geblieben ist – sie wurde im Jahre 1462 aus nicht bekannten Gründen erstürmt und zerstört –, ist bis heute nicht sicher belegt, wo genau sie sich befunden hat. Als sich die bürgerkriegsähnlichen Zustände gelegt hatten, wurde kein eigener Herrschaftssitz mehr im Ort errichtet.
Weitere Verwüstungen brachten die 1529 und 1683 einfallenden Türken.
Später siedelten sich viele Adlige hier an, die die Schönheit und Ruhe der Umgebung schätzten. Träger der Geschichte des Ortes war der Jesuitenorden, dessen Herrschaft seit dem Beginn des 17. Jahrhunderts bestand. Im Jahre 1609 kam der Orden durch Schenkung in den Besitz des Ortes Kalksburg. Als der strenge Orden 1773 aufgehoben wurde, fiel der Ort für die nächsten 80 Jahre an die Familie der Ritter von Mack. Franz von Mack wurde zu einem bedeutenden Wohltäter der Ortschaft. So ließ er die Pfarrkirche bauen und einen Friedhof anlegen. 1856 siedelten sich hier erneut die Jesuiten an und ließen das Konvikt neu errichten. Das Konvikt Kalksburg gilt seit damals als elitäres Erziehungsinstitut. Während der Kriegsjahre diente es als Kaserne der deutschen Ordnungspolizei. 1947 nahm die Anstalt, die seit dem Jahre 1893 den Namen „Collegium Immaculatae Virginis“ trägt, ihren Schul- und Internatsbetrieb wieder auf.
Das historische Zentrum des alten Ortes, der Kirchenplatz von Kalksburg, ist seit 1975 eine Denkmalschutzzone.

Rechte Seite
Der chinesische Pavillon in einer Aufnahme aus dem Jahre 1927.

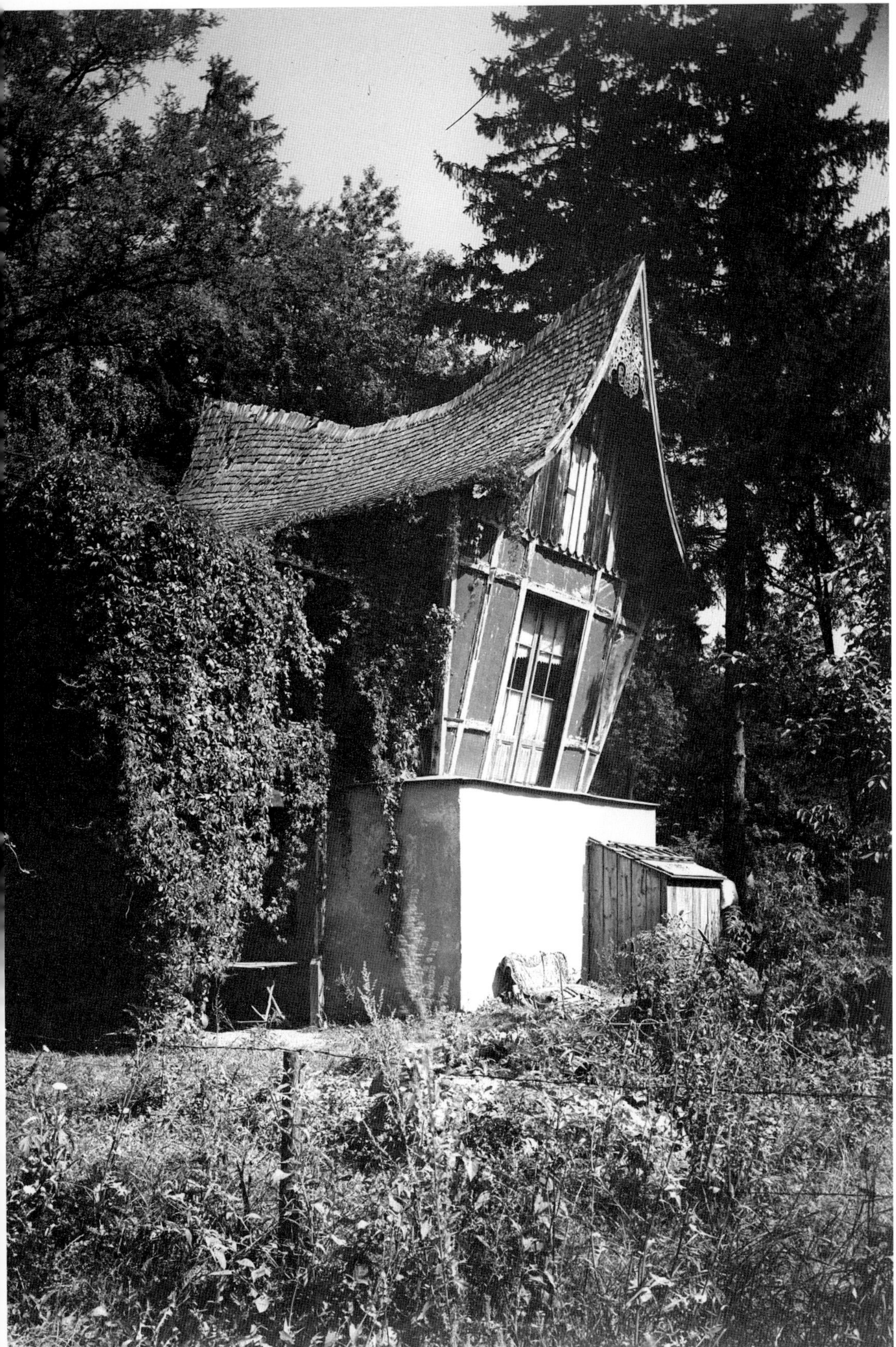

Seite 44

In Kalksburg: der idyllische Blick von Osten gegen die Kirche.

Rechte Seite

Kalksburg: Straßenbild mit Kirche.

Am Friedhof – die Grabstätte Hugo von Hofmannsthals. Der Schriftsteller galt als einer der bedeutendsten österreichischen Dichter seiner Zeit.

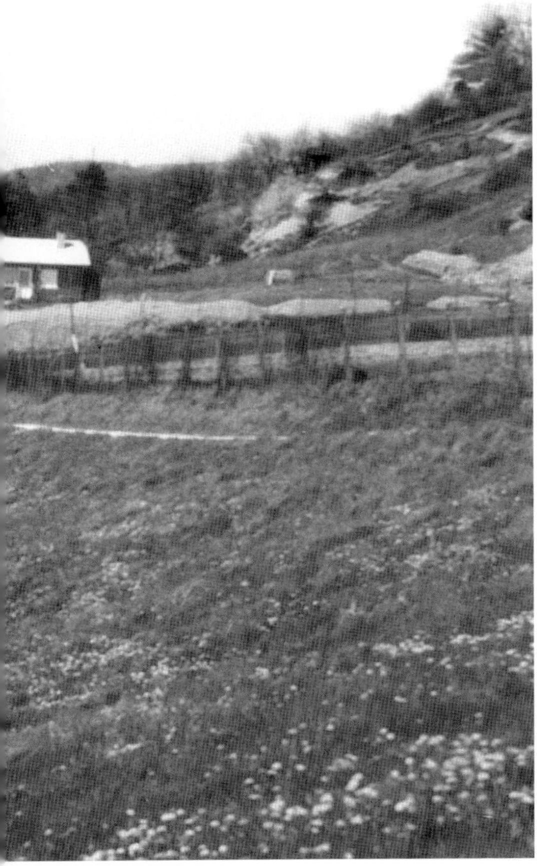

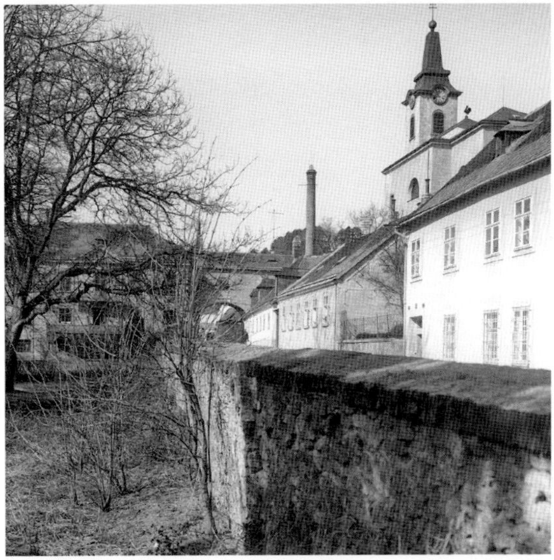

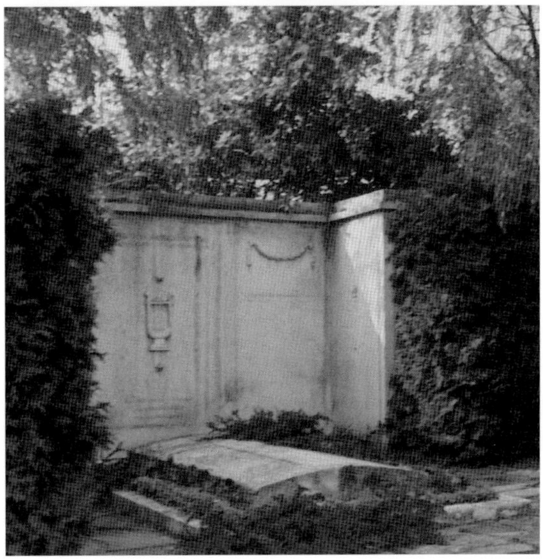

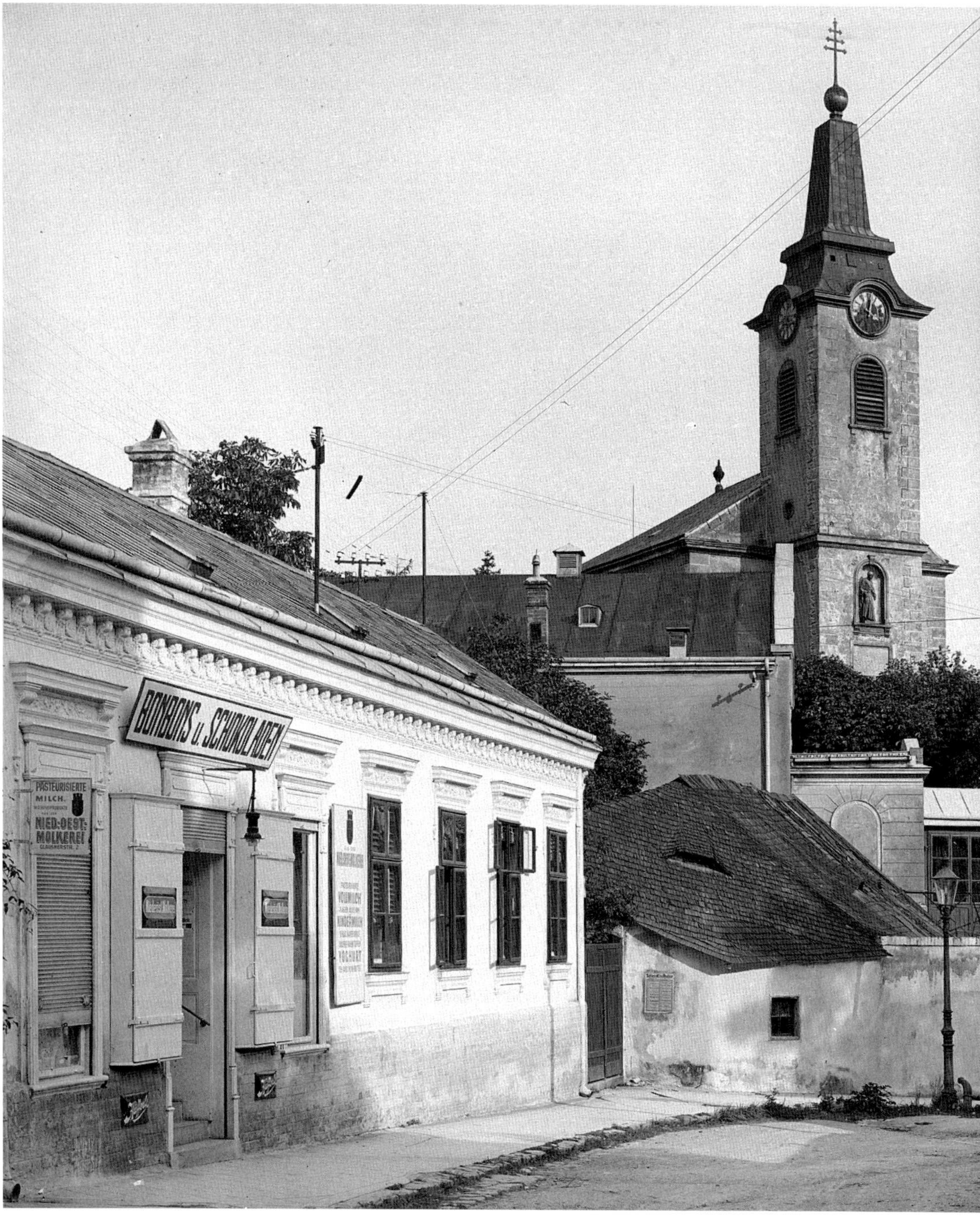

Seite 46

Der Blick gegen die Kirche in einer Aufnahme aus dem Jahre 1927.

Rechte Seite
Pfarrkirche „Zum heiligen Petrus“: das Deckenfresko im Chor „Letztes Abendmahl“, 1799 von Josef Keller.
Der Durchblick in der Pfarrkirche zum Hochaltar, beide Aufnahmen aus den 1950er-Jahren.

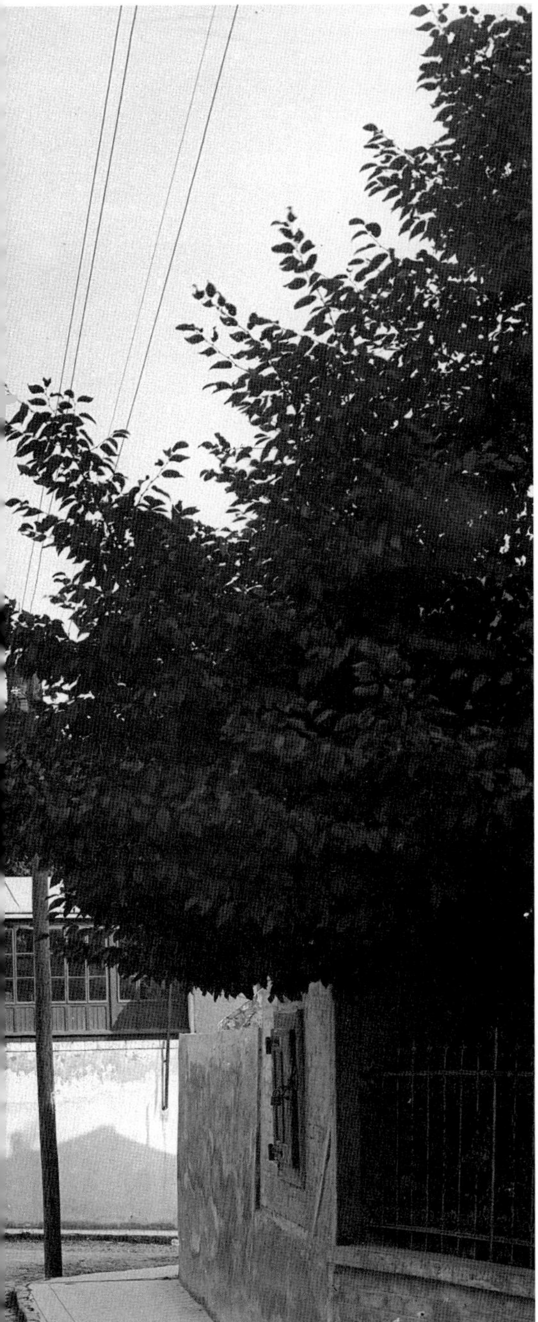

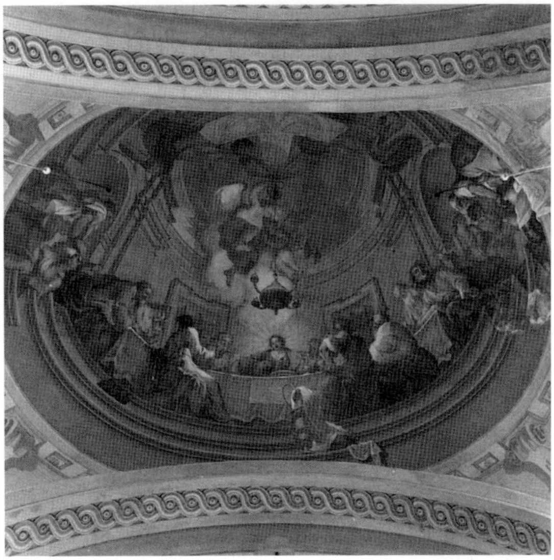

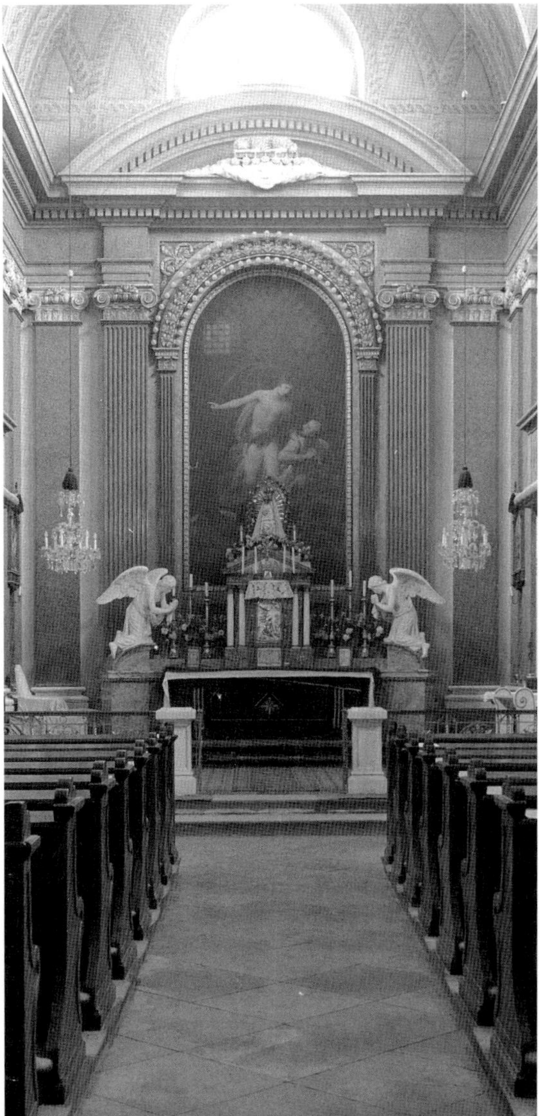

Seite 48

Straßenbild mit Schwibbogen in einer Aufnahme aus dem Jahre 1927. Auf dem weißen Schild über dem Bogen steht Folgendes geschrieben: „Langsam fahren
oder Strafe.“

Rechte Seite
In der Klausen: eine Häusergruppe zu beiden Seiten einer Durchzugsstraße, um 1925.

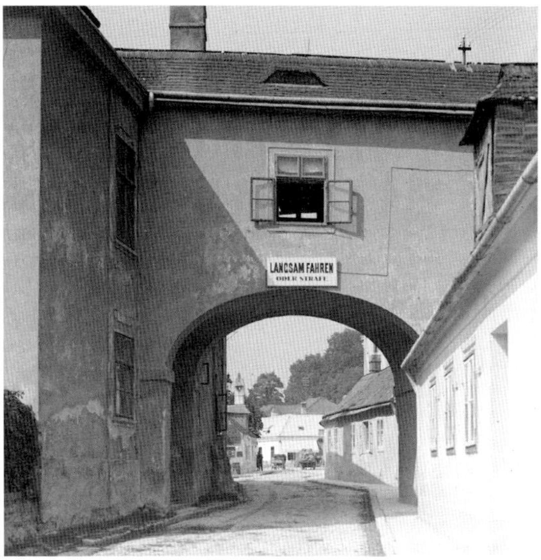

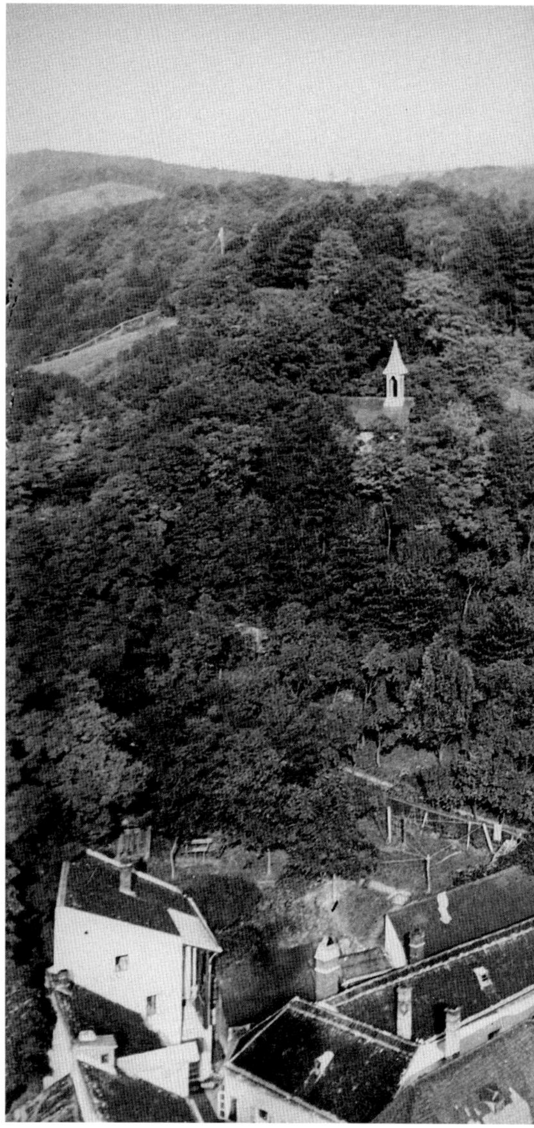

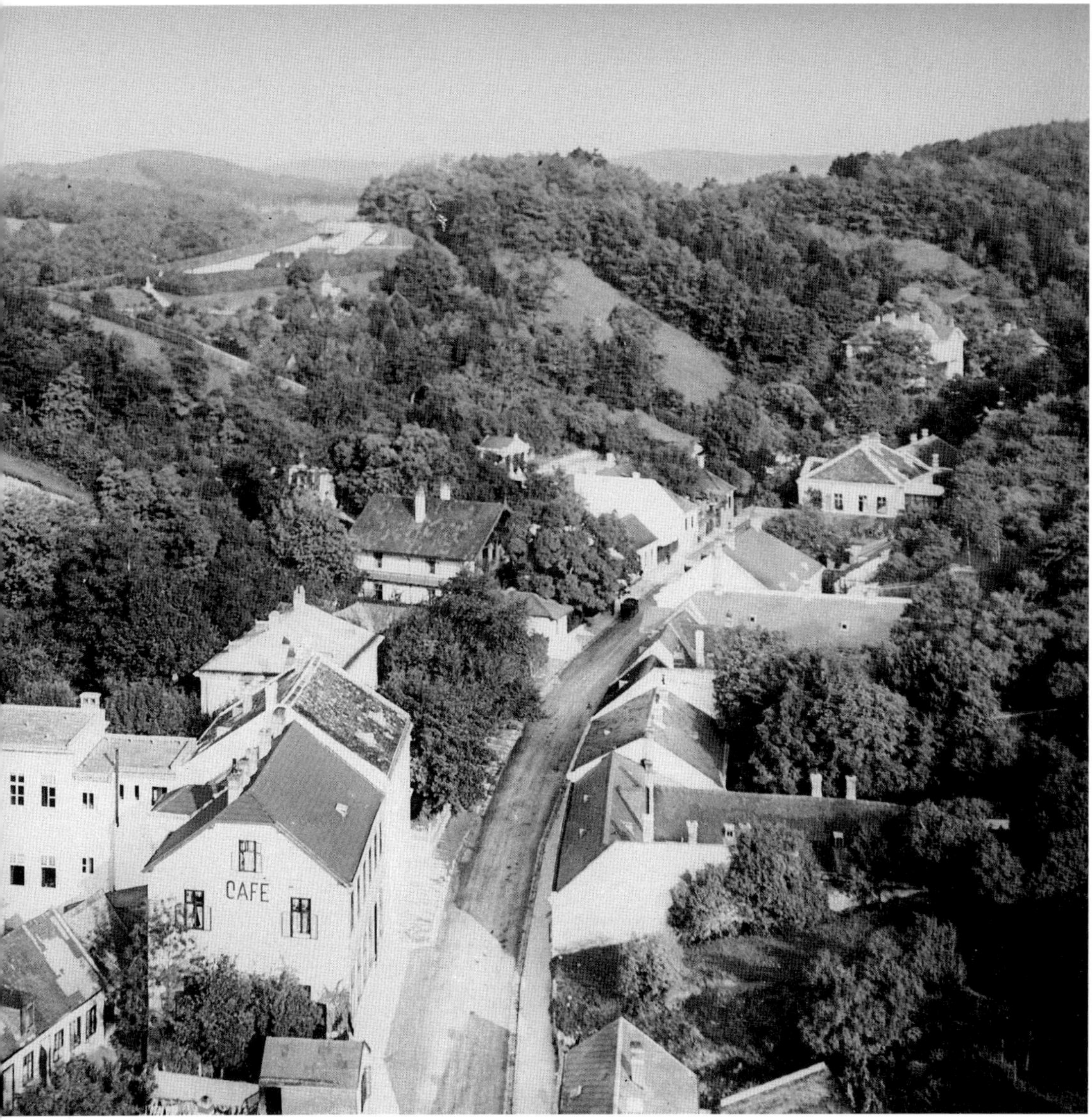
CAFE

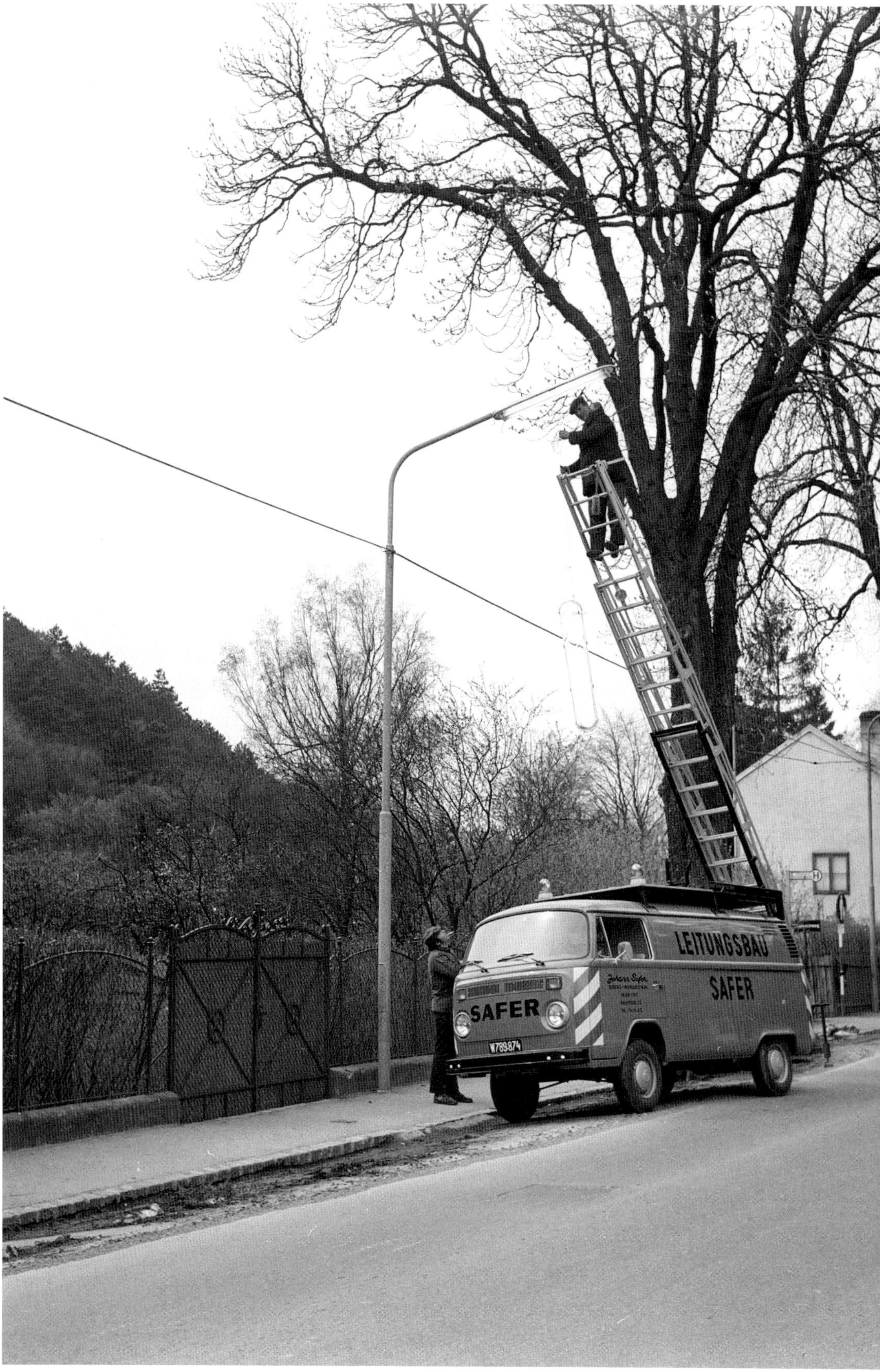
LEITUNGSBAU
SAFER
SAFER
W789874

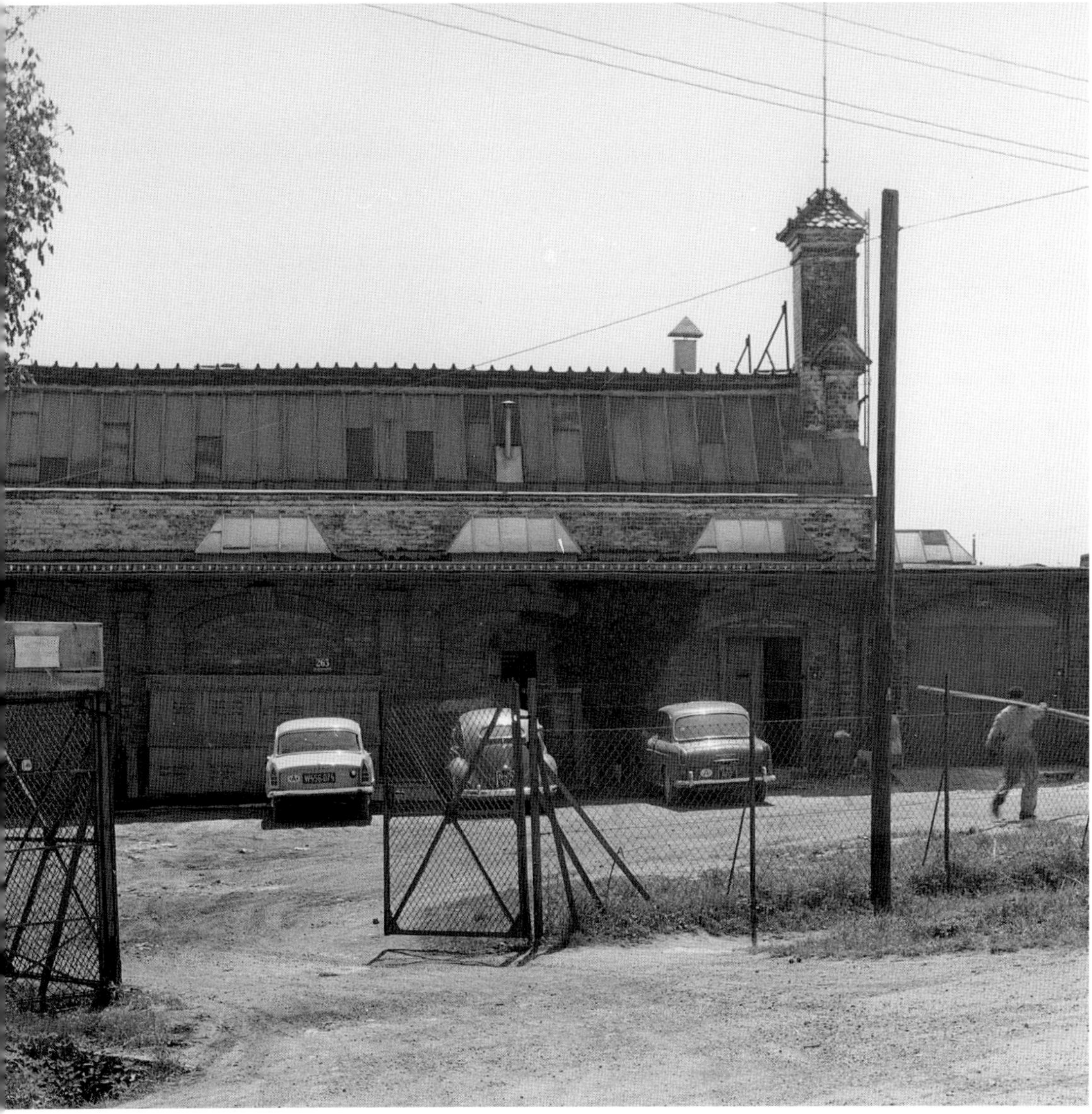

Seite 51

Breitenfurter Straße: Monteure beim Lampentausch an der Straßenbeleuchtung im Bereich von Kalksburg, 1973.

Ansicht Ketzergasse 263, 1964.

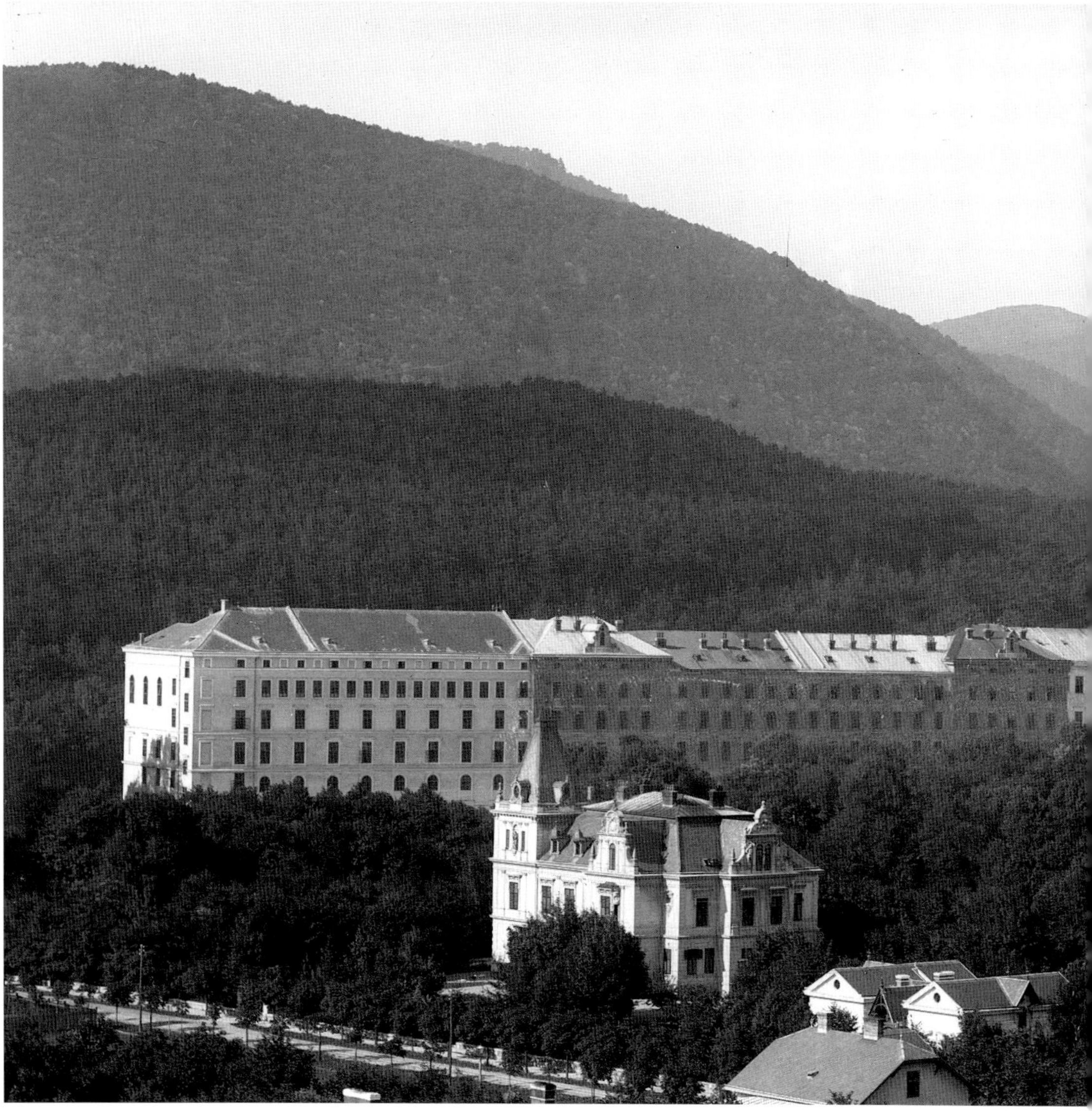

Seite 52

Das Jesuitenkolleg in Kalksburg:
hier in einer Gesamtansicht aus einiger Entfernung aufgenommen.

Rechte Seite
Blick auf das Parktor desselben.

Heilige Maria Immaculata: ein Fresko im Jesuitenkolleg.

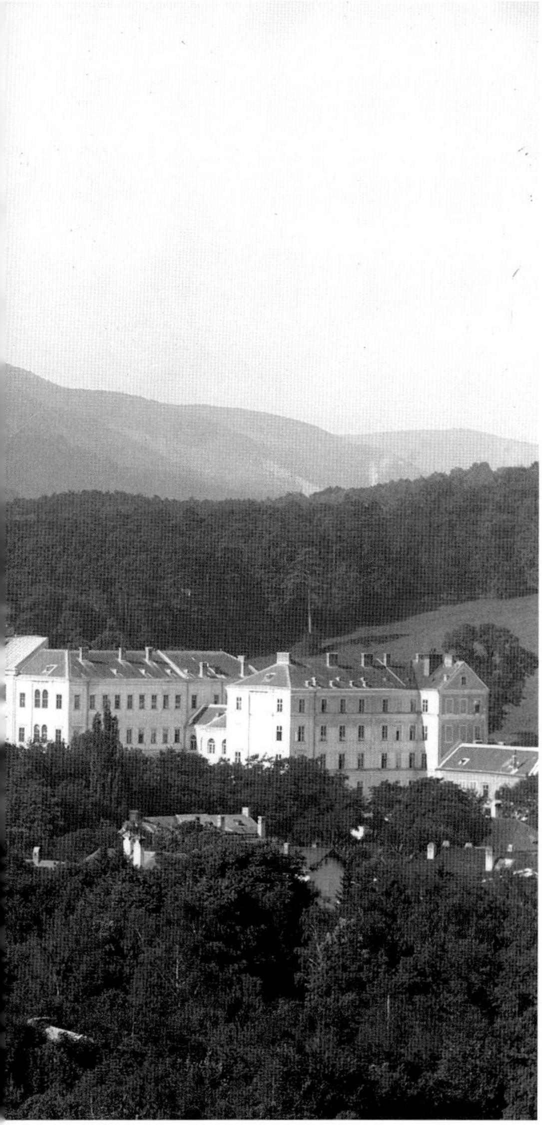

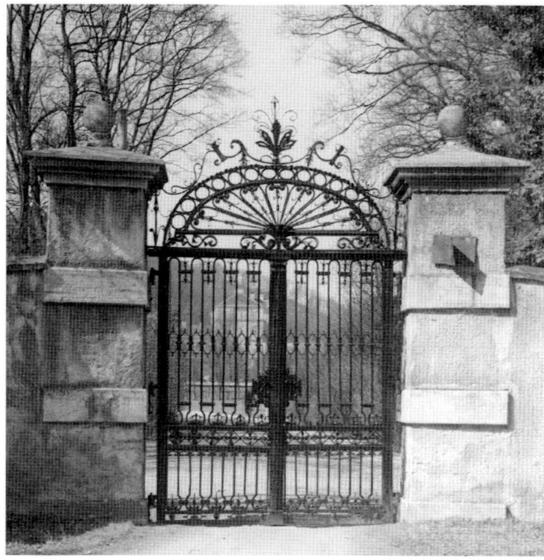

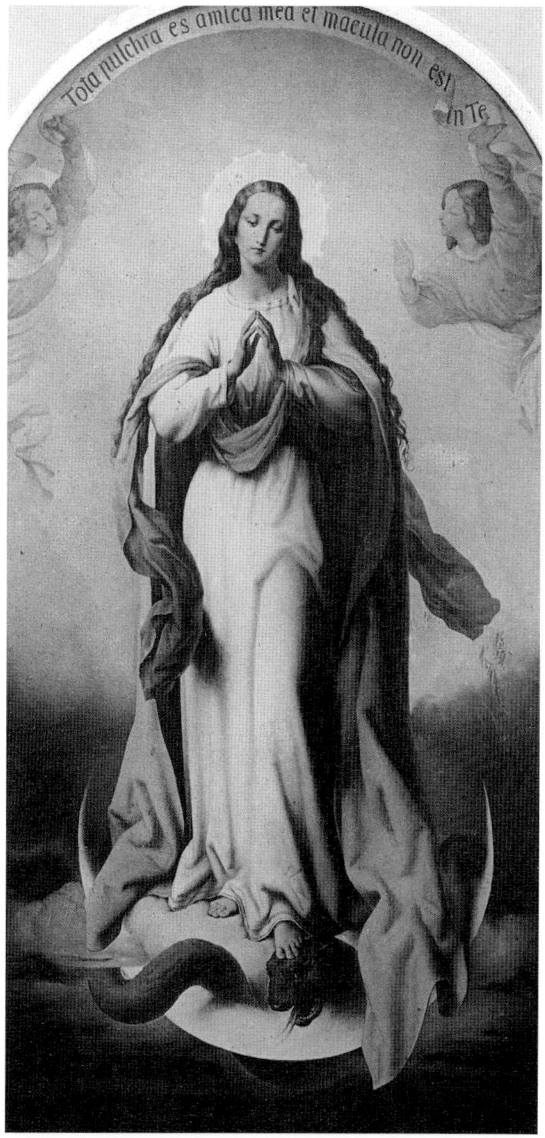
Tota pulchra es amica mea et macula non est
in Te

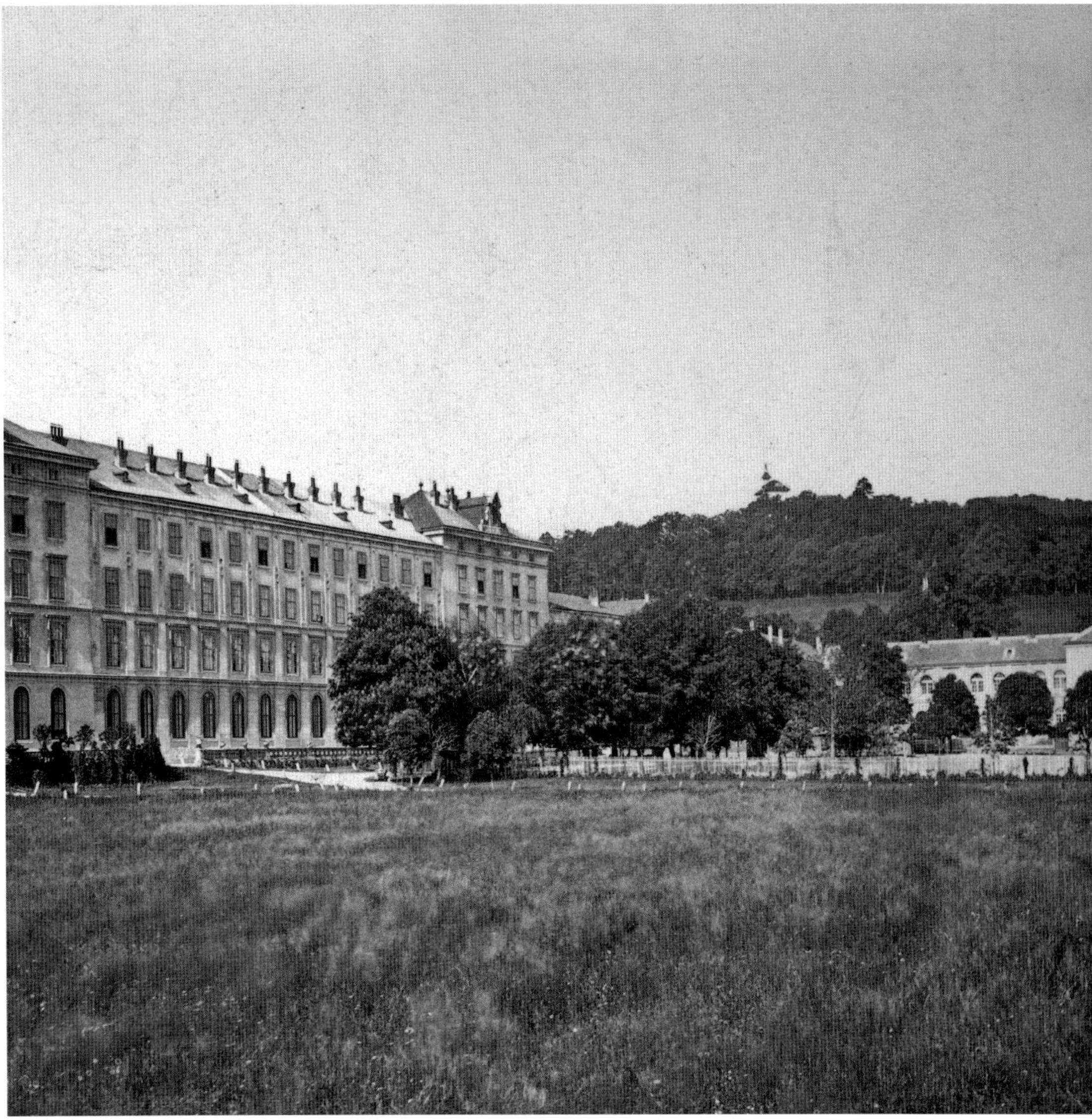

Seite 54

Jesuitenkolleg: Bauzustand letztes Viertel 19. Jahrhundert.

Rechte Seite
Die Konviktkapelle aus der Entfernung, stark von Bäumen verdeckt, 1927.

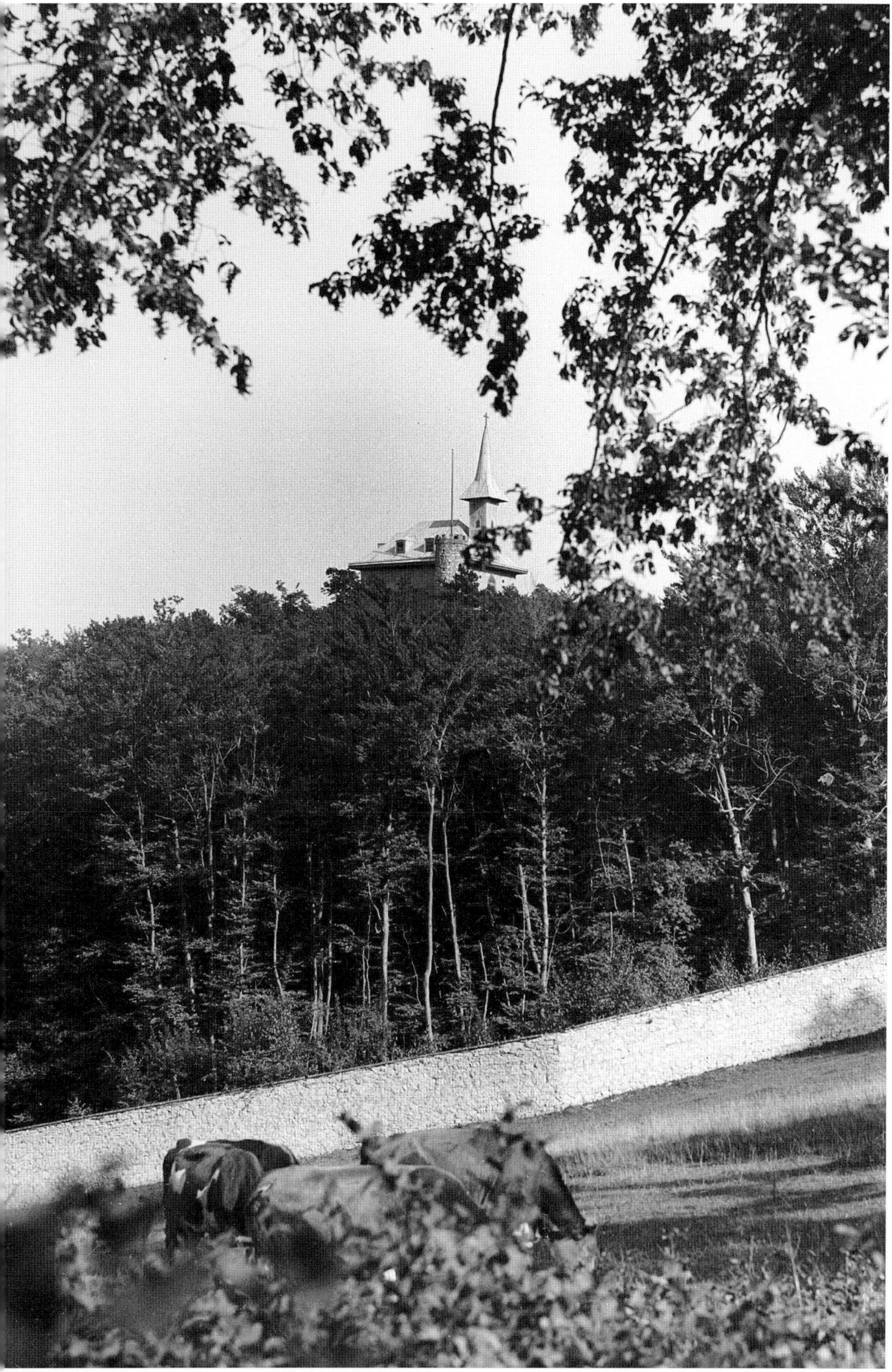

Mauer

Die alte Siedlung Mauer wuchs im Spätmittelalter aus zwei Teilen zusammen. Der Name des Ortes deutet auf eine römische Herkunft hin. 1114 wird Mauer, damals noch als „Gereut“, erstmals erwähnt, etwa hundert Jahre später, 1210 zum ersten Mal als „Muer“.
Die ersten Spuren von Siedlungen reichen bis in die Jungsteinzeit zurück. Im Jahre 1929 wurde im Maurer Wald auf der Antonshöhe ein neolithisches Feuersteinbergwerk ausgegraben.
Im Mittelalter wurde in der Gegend hauptsächlich Weinbau betrieben. 1609 gelangte der Ort in den Besitz der Jesuiten, die bis 1773 in Mauer herrschten.
Ähnlich wie in Rodaun lag die Herrschaft während des Spätmittelalters in den Händen verschiedener Wiener Rittersfamilien.
Später entwickelte sich Mauer als beliebter Ort der Sommerfrische für die Wiener Bevölkerung. Die Einrichtung von Stellwagenverbindungen in die Stadt verdeutlichte die Stellung Mauers. In den Jahren 1776–1777 wurden im Schloss Mauer die „Untere Kaserne“ und in der Engelsburg die „Obere Kaserne“ eingerichtet. Beide Gebäude sind leider nicht erhalten geblieben, sie wurden 1895 bzw. 1923–1926 abgerissen.
Einst war Mauer ein Bauern- und Weinhauerdorf, die Industrie konnte sich hier kaum etablieren, sodass sich die Siedlung bis heute den Charakter eines Wohnviertels bewahrt hat, vor allem durch das Maurer Cottage, in das sich entlang von ruhigen Gassen ein Villengarten an den anderen reiht.
Nach dem Ersten Weltkrieg wurde in Mauer gegenüber dem Friedhof in der Friedensstraße ein Flugplatz eröffnet. Heute ist der ehemalige Flugplatz zu einem Sportplatz umfunktioniert. In den Jahren 1934–1936 wurde die alte Pfarrkirche nach Plänen von Clemens Holzmeister erweitert. Seit 1938 ist Mauer in Wien eingemeindet und bildet mit den anderen Bezirksteilen gemeinsam den 23. Wiener Gemeindebezirk.

Rechte Seite
Die Hauptstraße mit Pfarrkirche von Osten im Frühling.

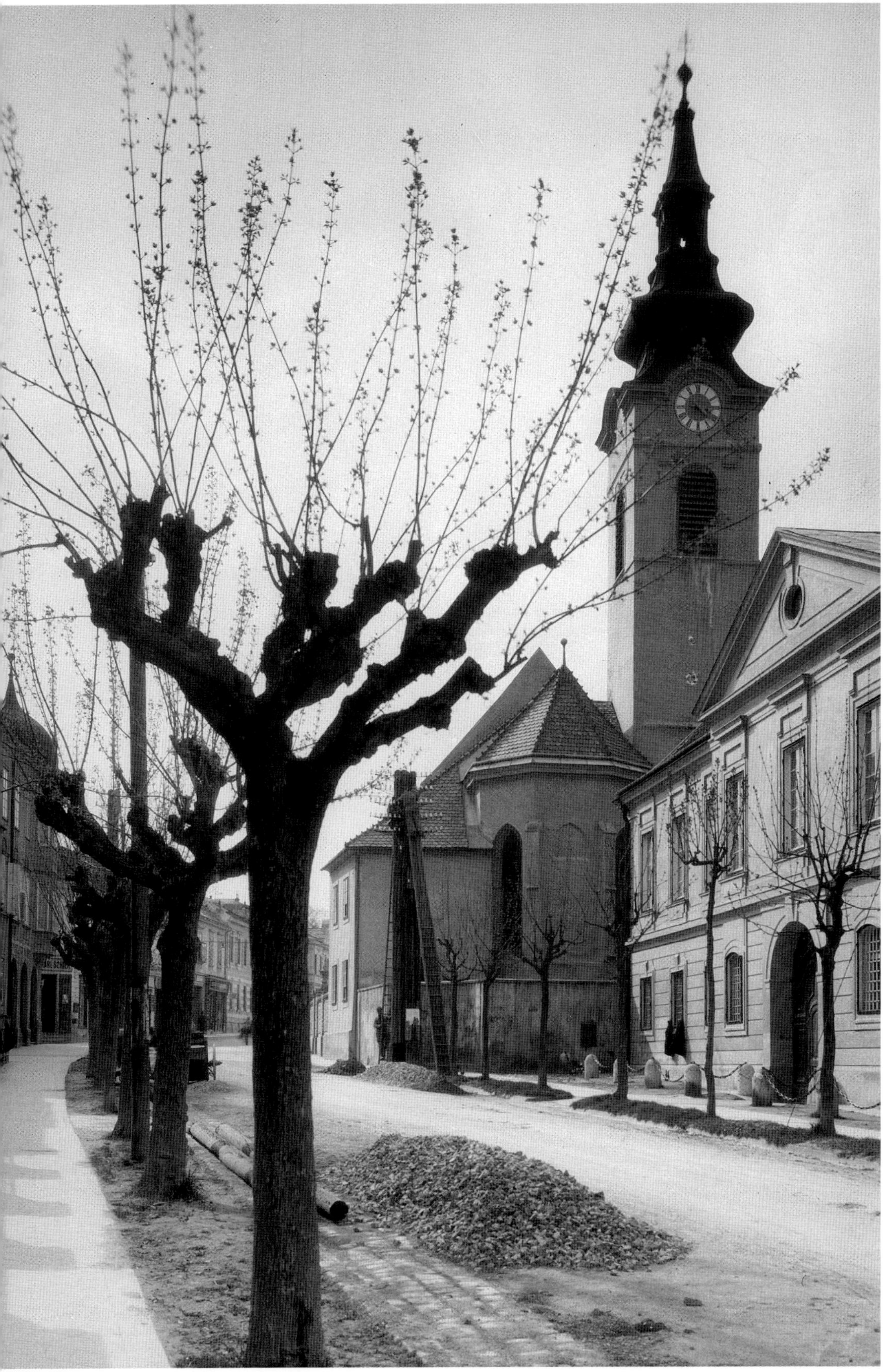

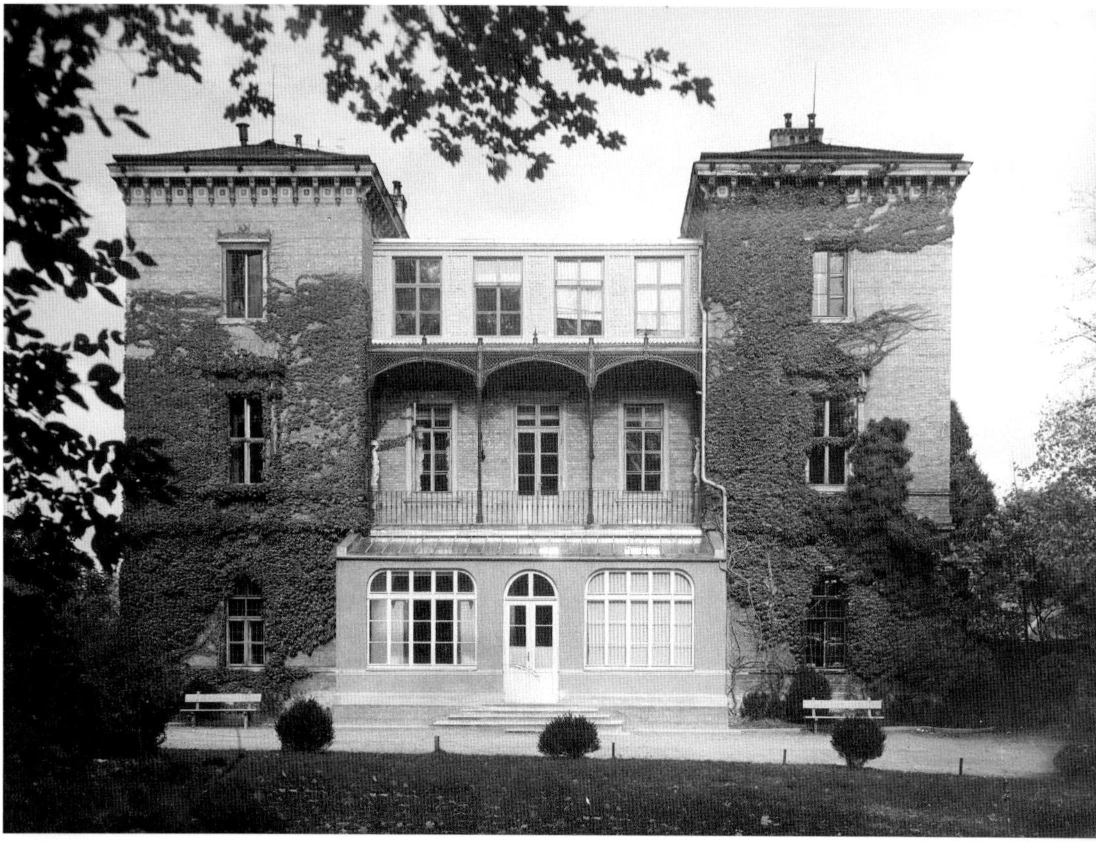

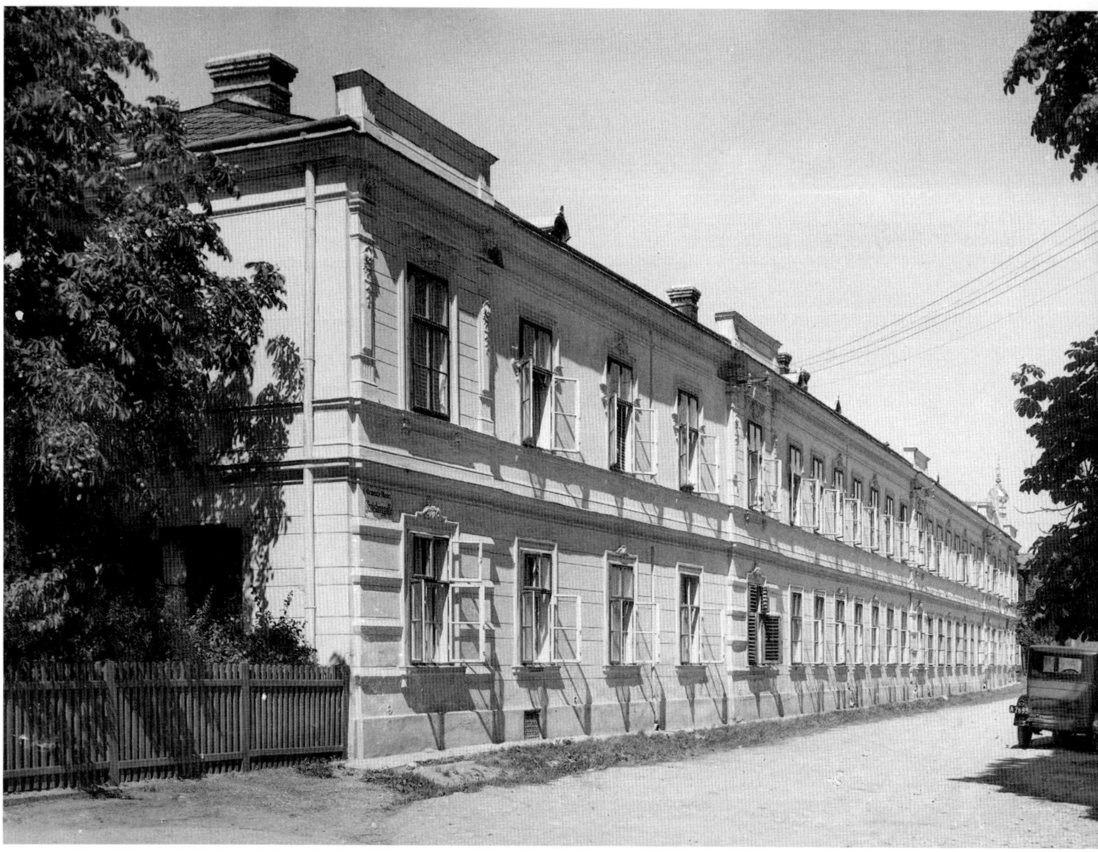

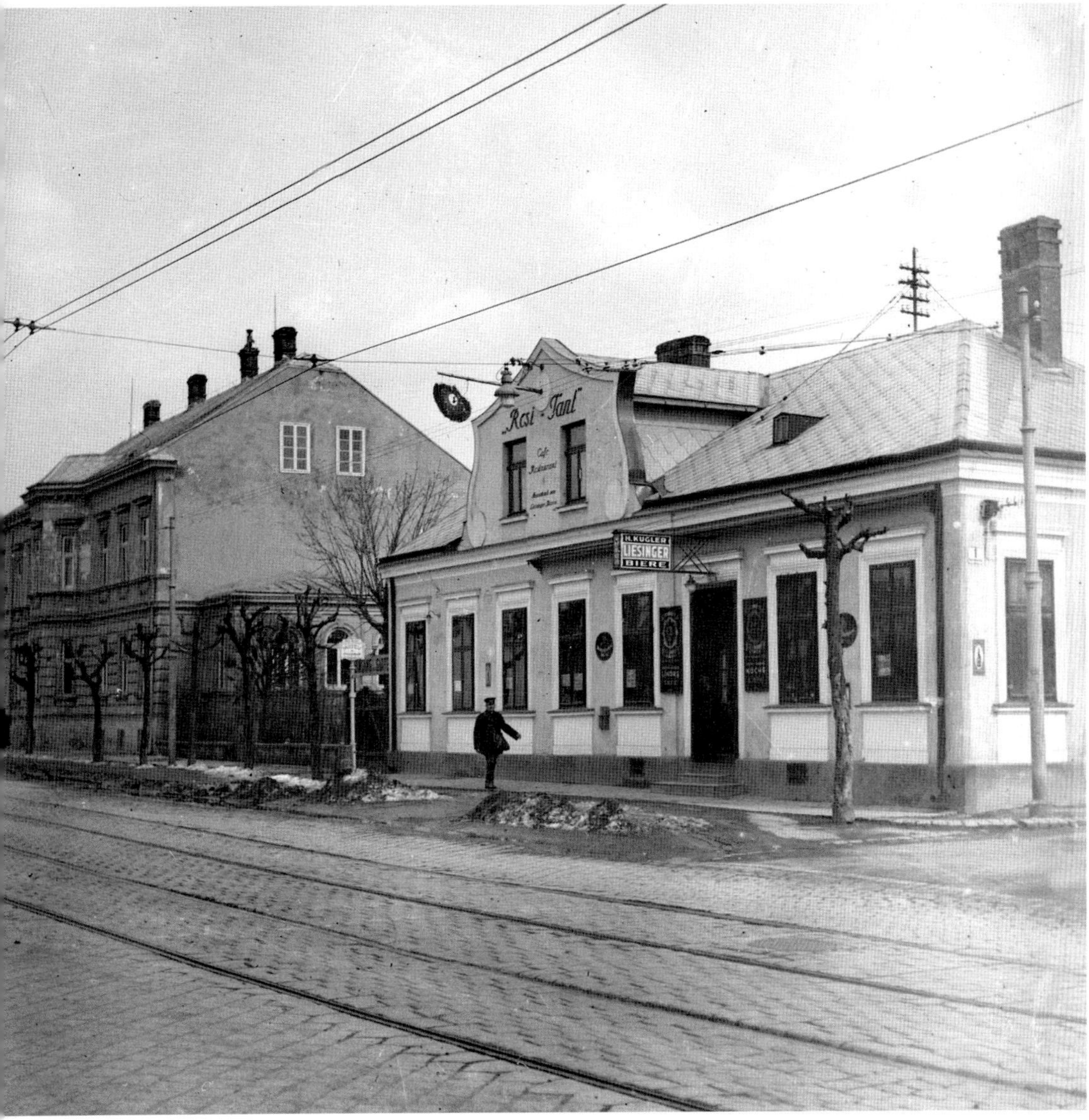

Seite 59

Öffentlliches Privat-Real-Gymnasium des Prof. Wilhelm Rainer in einer Frontalaufnahme.

Blick in die Kroisberggasse.

Rechte Seite
Café-Restaurant „Resi-Tant“ in der Speisinger Straße 201 in Mauer. Das Lokal wirbt mit einer Reklametafel über der Eingangstüre für „Liesinger Biere“!

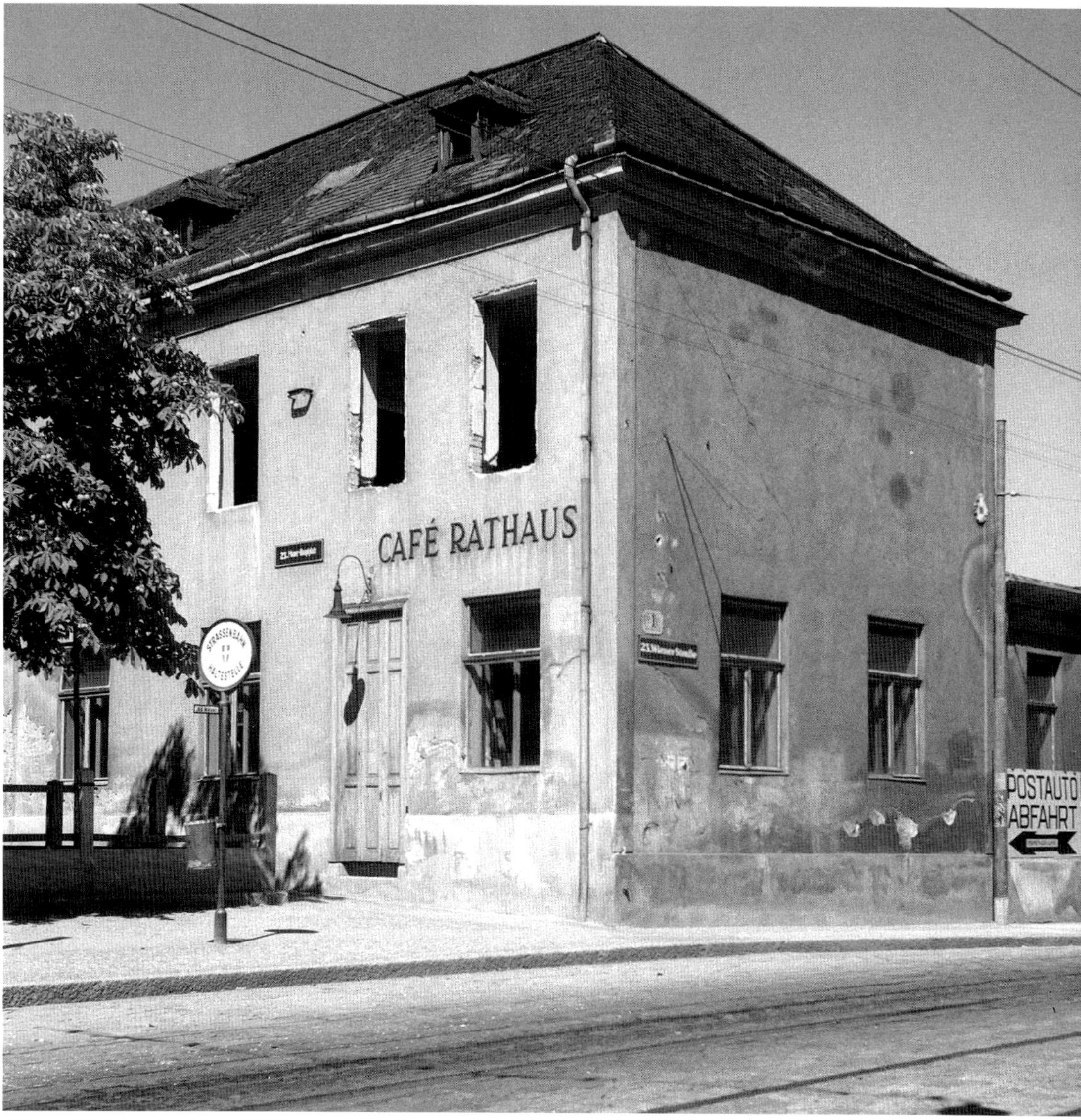

Seite 60

Speisinger Straße, ehemalige Wiener Straße 1, Ecke Maurer Hauptplatz 2:
das „Café Rathaus“ während des Abbruches 1957.

Rechte Seite

Motiv mit Bogen der Ersten Wiener Hochquellen-Wasserleitung.

Ecke Heudörfelgasse/Hauptstraße: die „Spezerei“ von Josef Ferchenbauer.

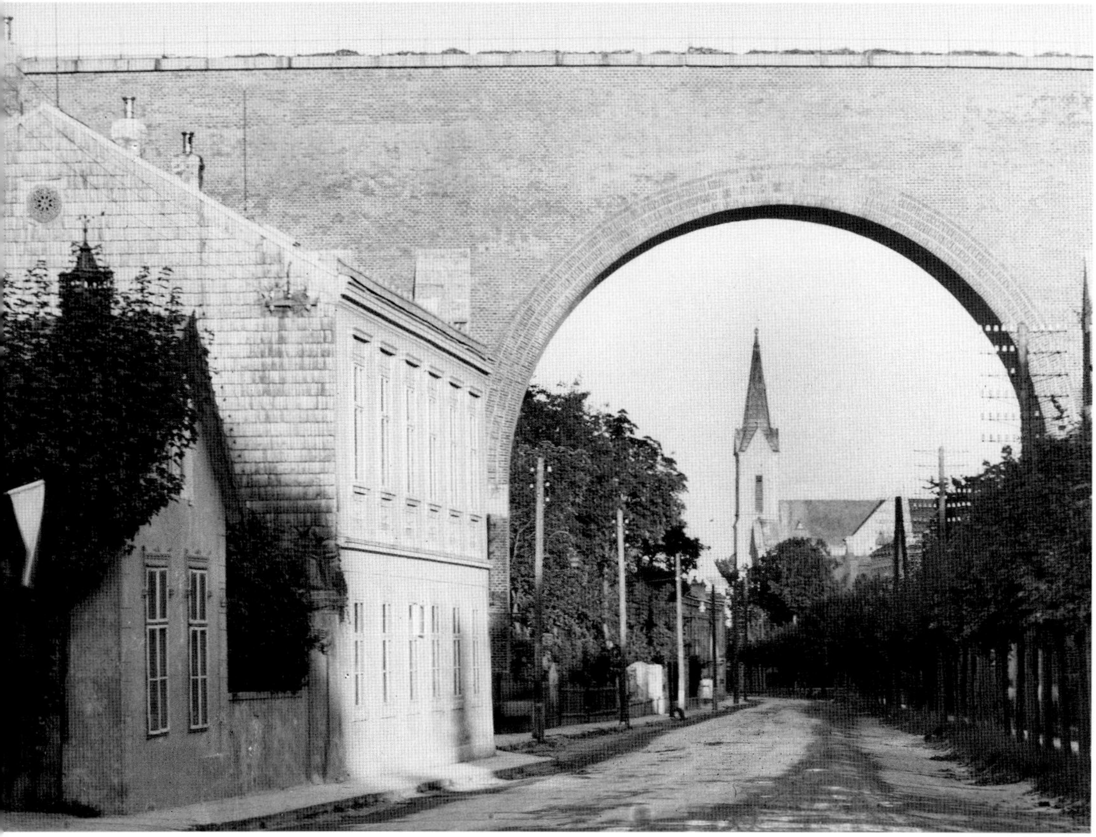

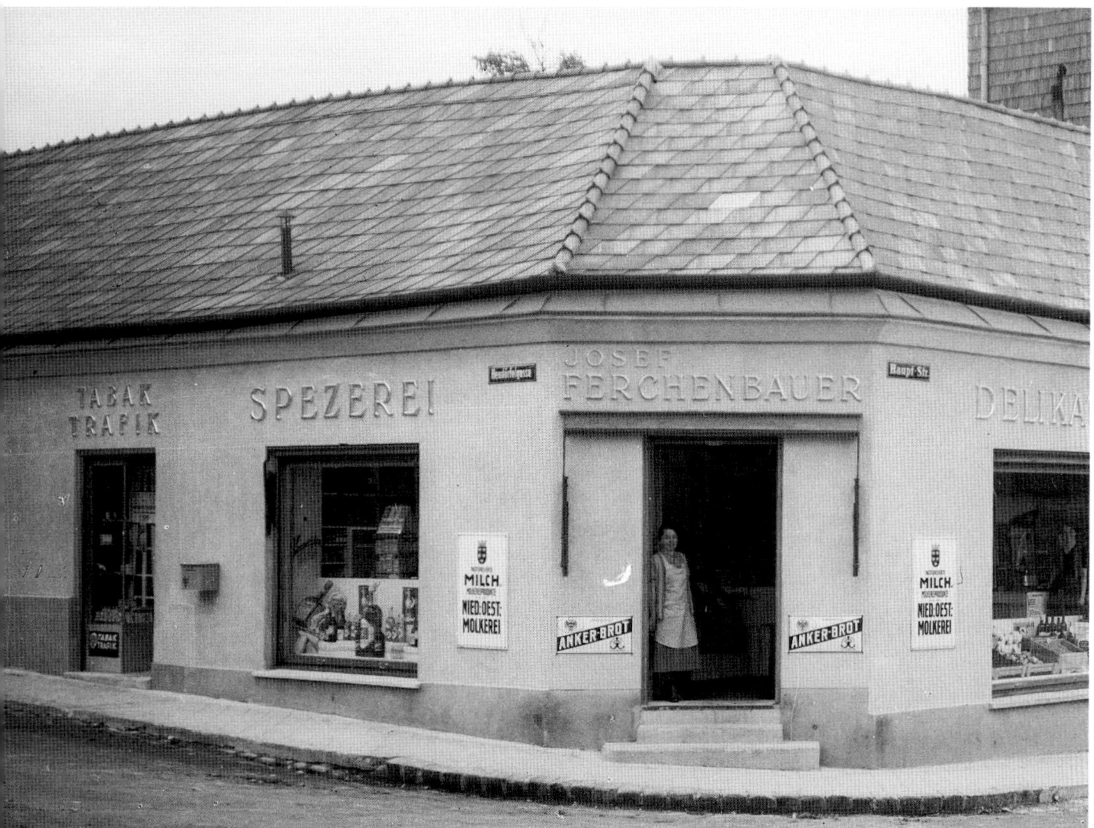
TABAK
TRAFIK
SPEZEREI
JOSEF
FERCHENBAUER
Haupt-Str.
DELIKA
MILCH
NIED:OEST:
MOLKEREI
ANKER-BROT
ANKER-BROT
MILCH
NIED:OEST:
MOLKEREI

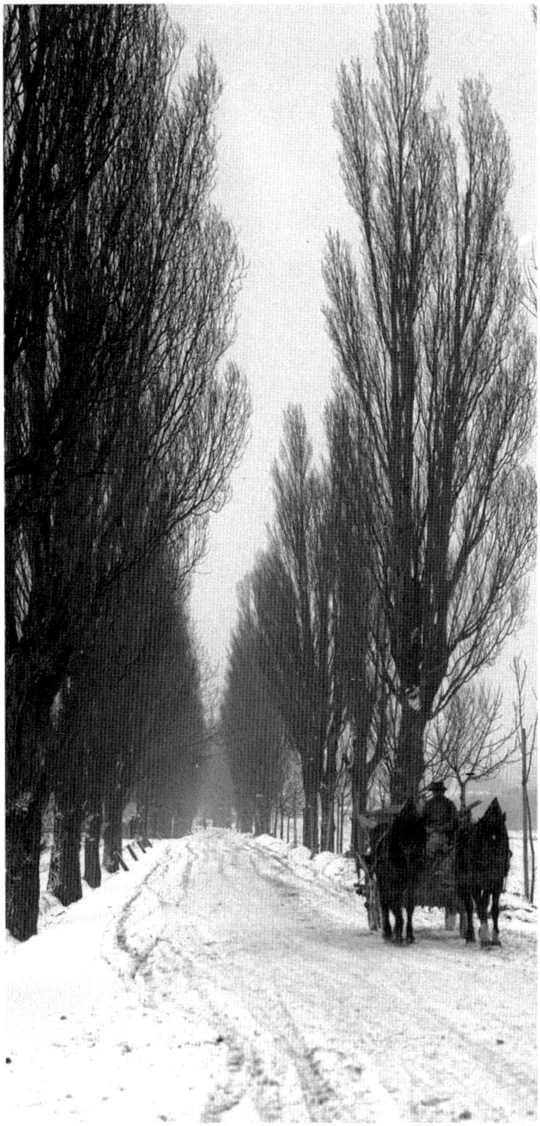

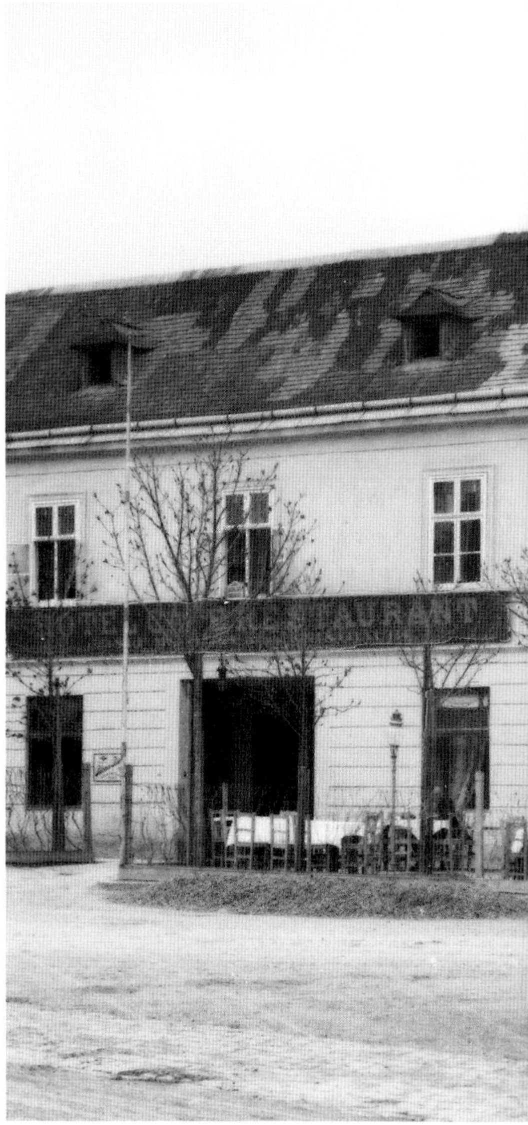
RESTAURANT

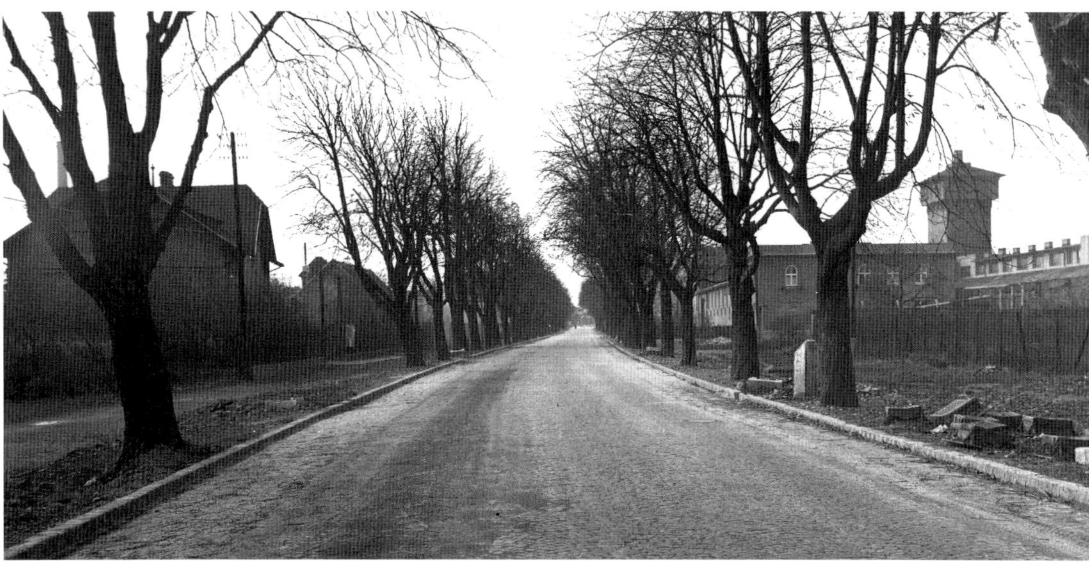

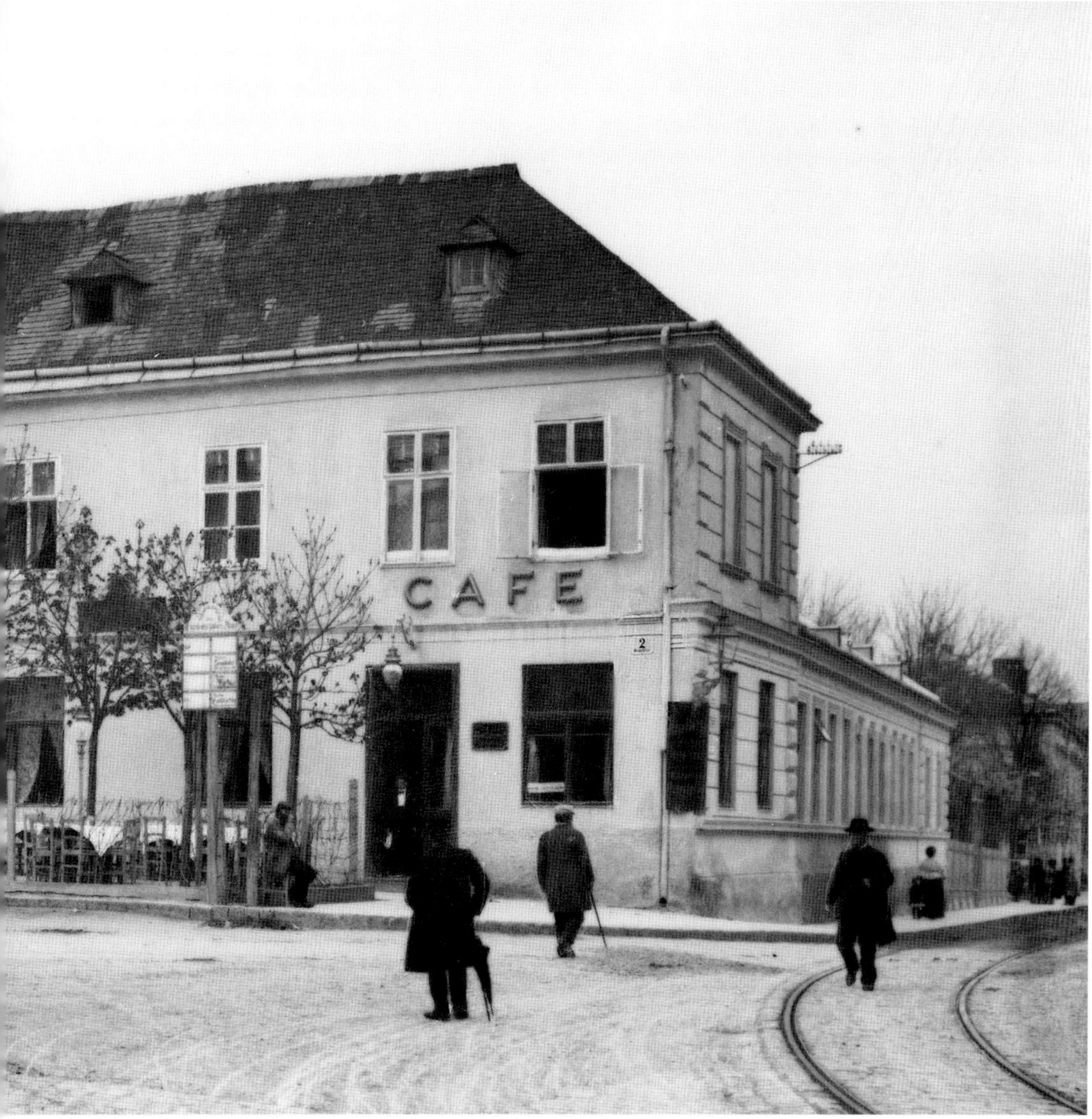

Seite 63

Breitenfurter Straße: Blick von der Kreuzung Mauer/Rodaun Richtung Liesing in einer Winteraufnahme.

Breitenfurter Straße: Durchblick durch die Allee, 1952.

Rechte Seite
Maurer Hauptplatz 2: Fassade leicht von rechts übers Eck – Hotel und Café-Restaurant.

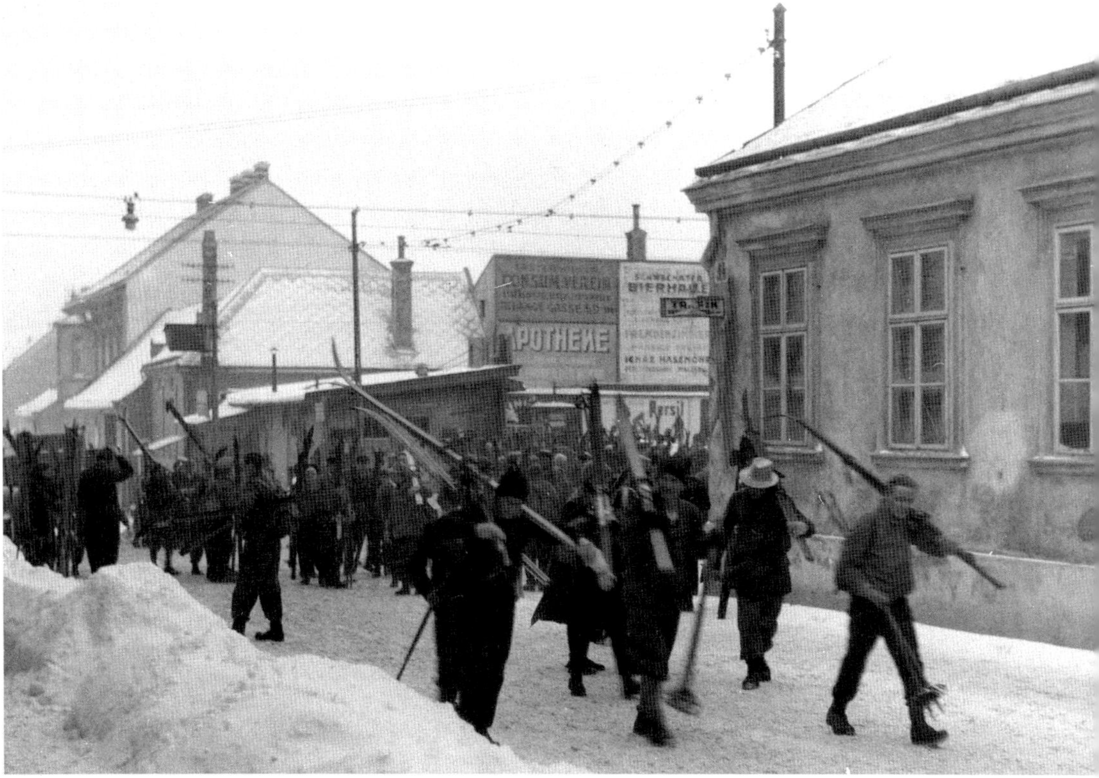

BIERHALLE
POTHEKE

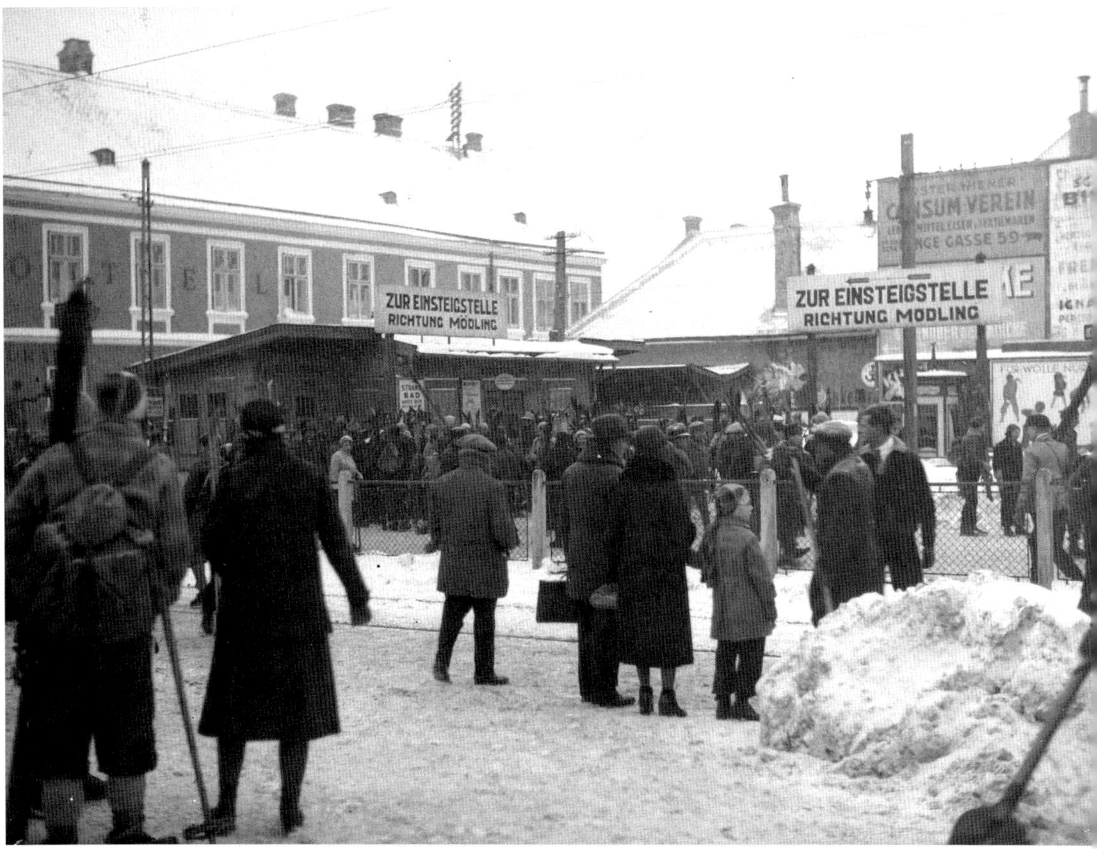

ZUR EINSTEIGSTELLE
RICHTUNG MÖDLING
ZUR EINSTEIGSTELLE
RICHTUNG MÖDLING
CONSUM VEREIN
GASSE 59

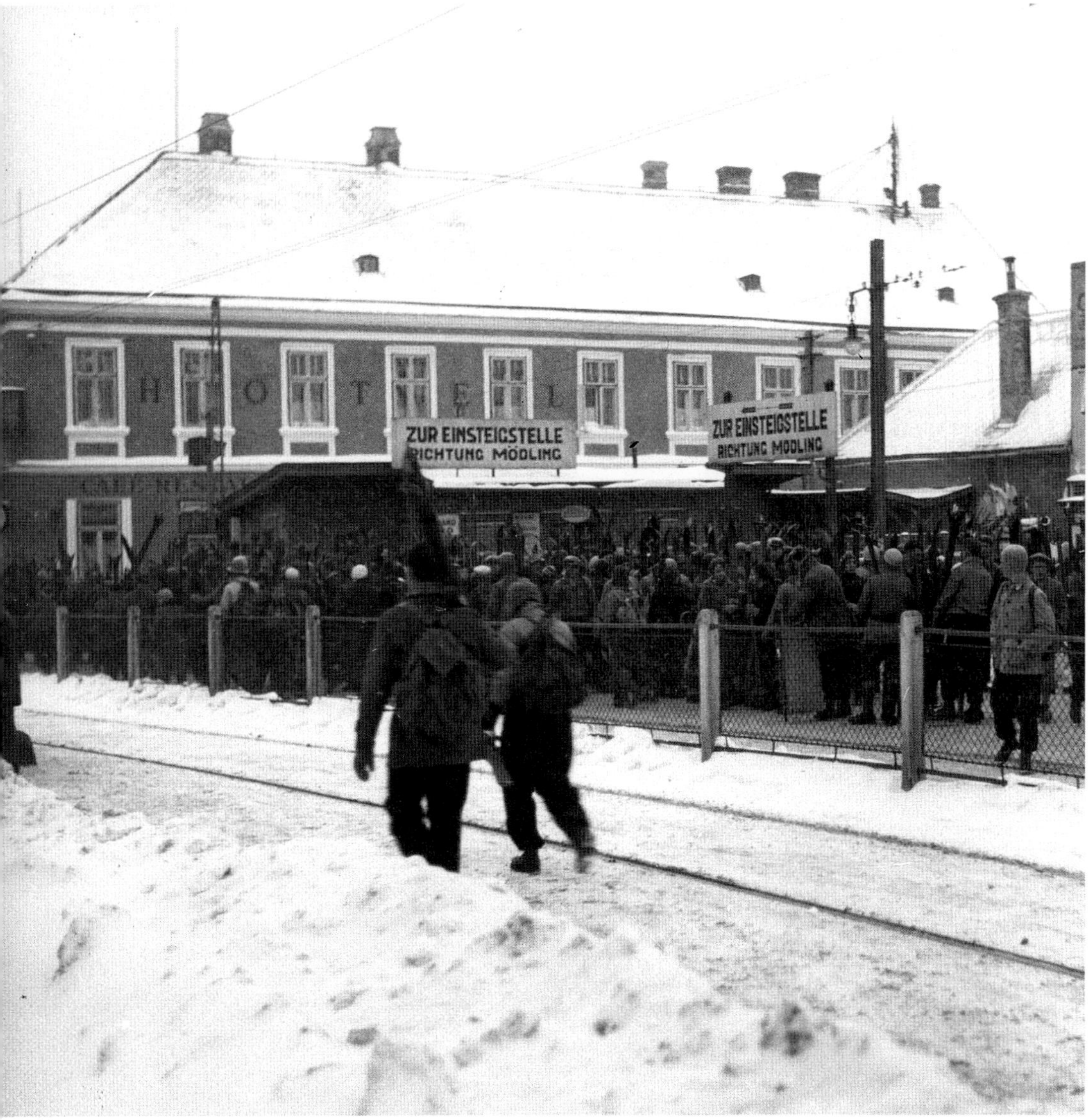

Seite 65

Straßenbild mit Skiläufern um 1933.

Straßenbahn-Endstation: Einstiegsstelle Richtung Mödling, Winteraufnahme um 1933.

Rechte Seite
Viele Reisewillige auf dem Weg in die Natur und mit Skiern bewehrt, tummeln sich bei der Einstiegsstelle der Straßenbahn.

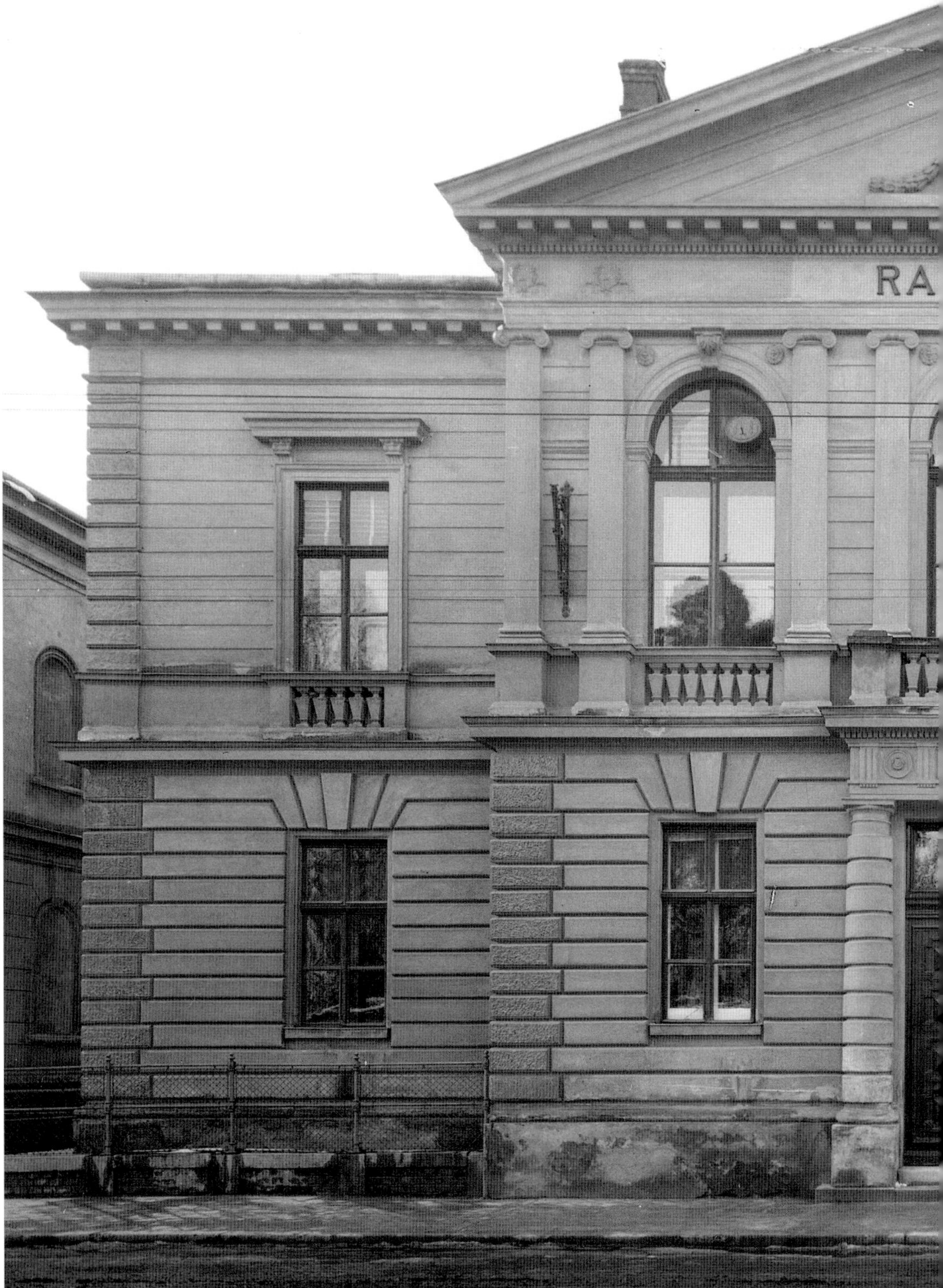

Rathaus von 1887 in einer frontalen Nahansicht.

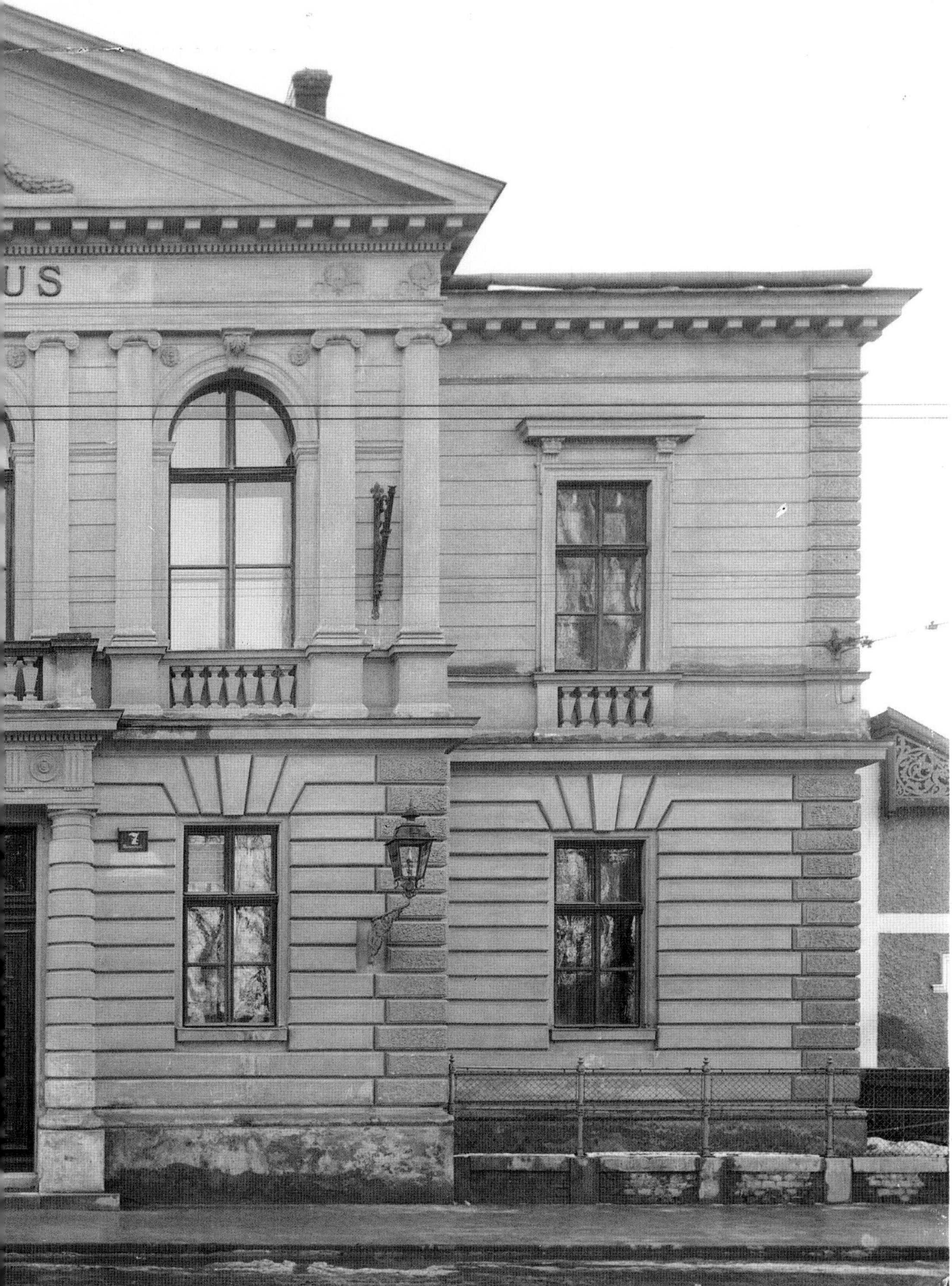
US
7

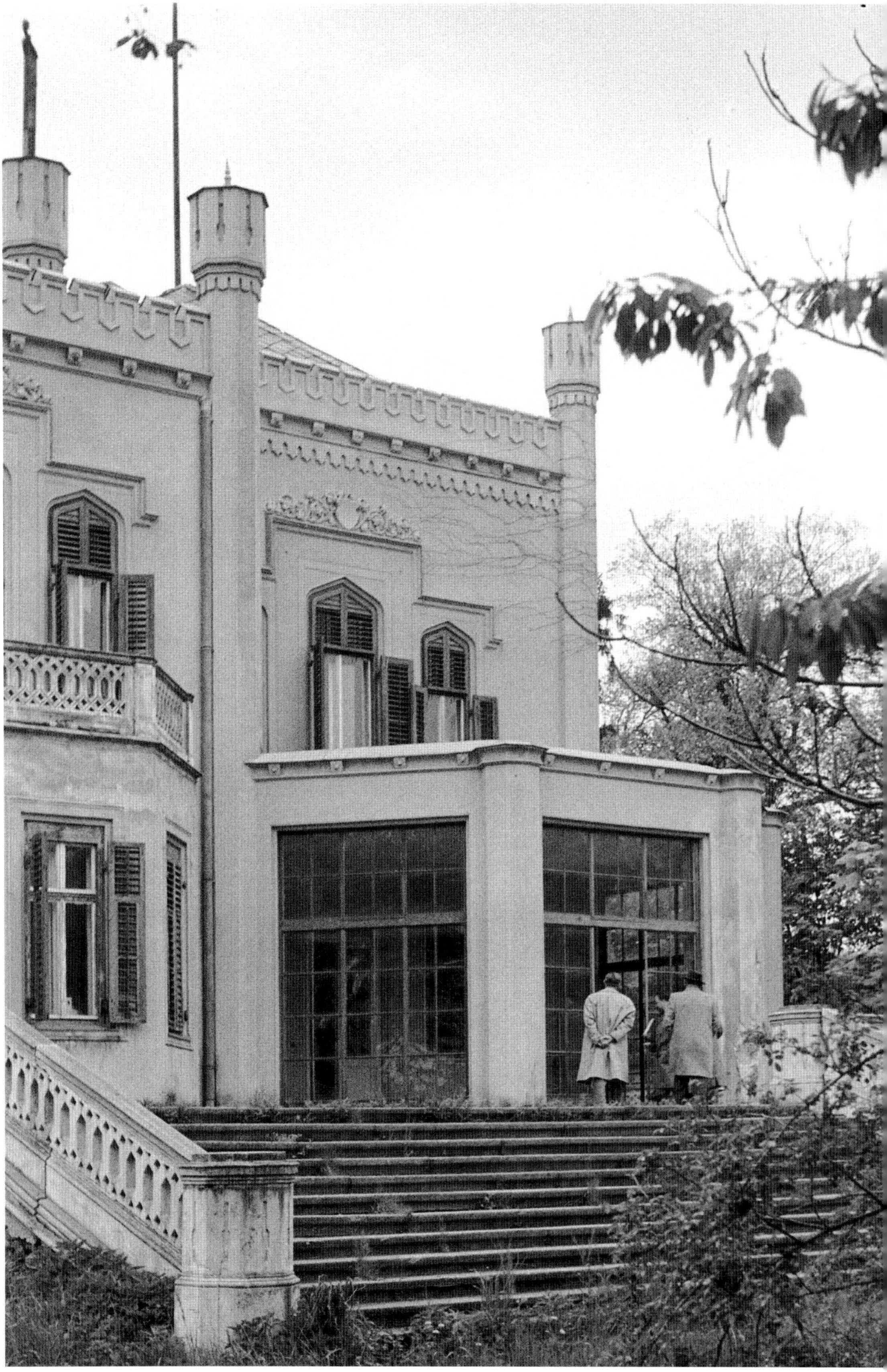

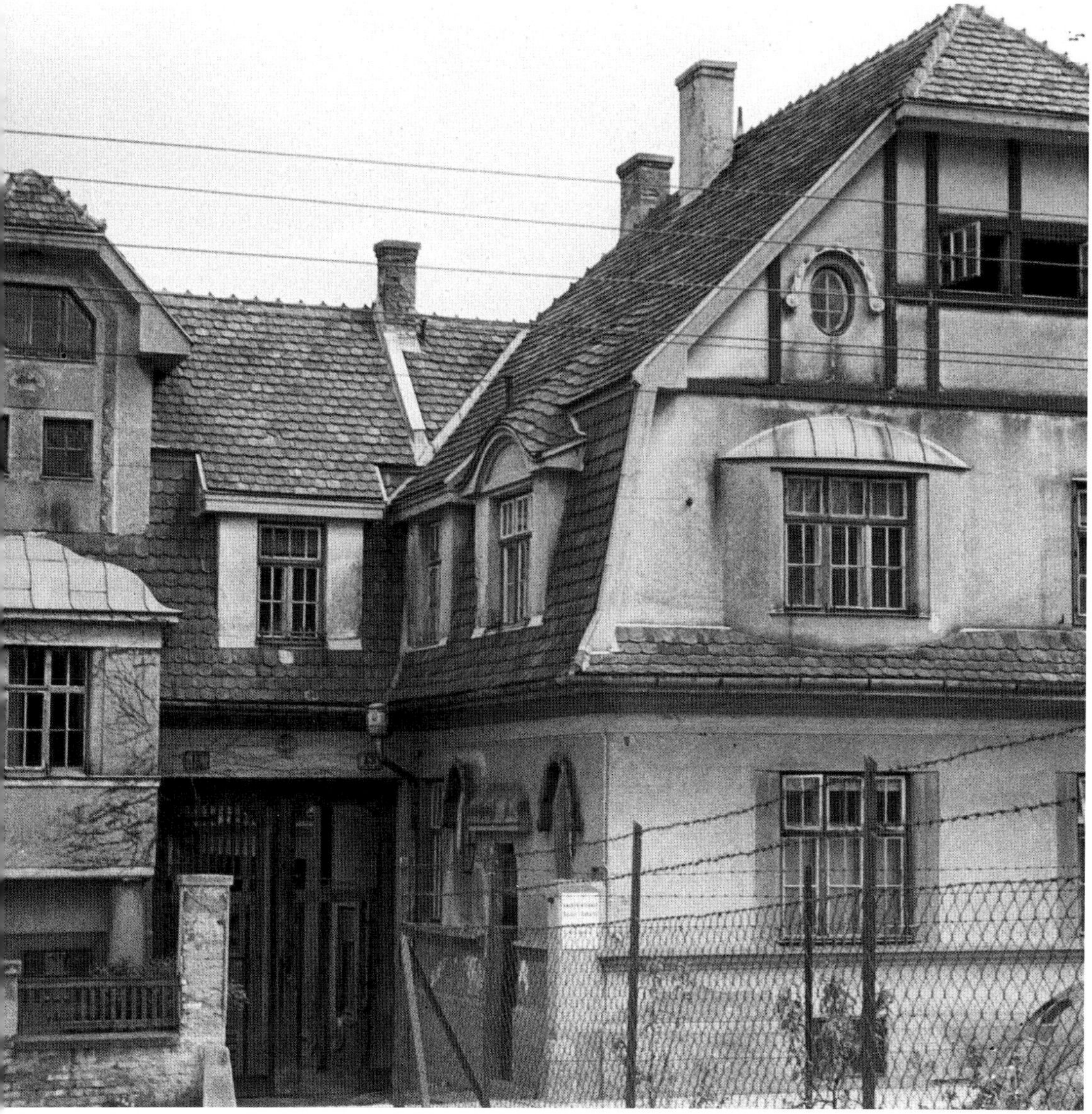

Seite 69

Kaserngasse 9: Gartenseite, 1957. Teilansicht mit der Freitreppe schräg von links.

Rechte Seite

Kaserngasse 13: Ansicht fast frontal, 1957. Mauer gilt als alter Weinhauer- und Villenvorort von Wien.

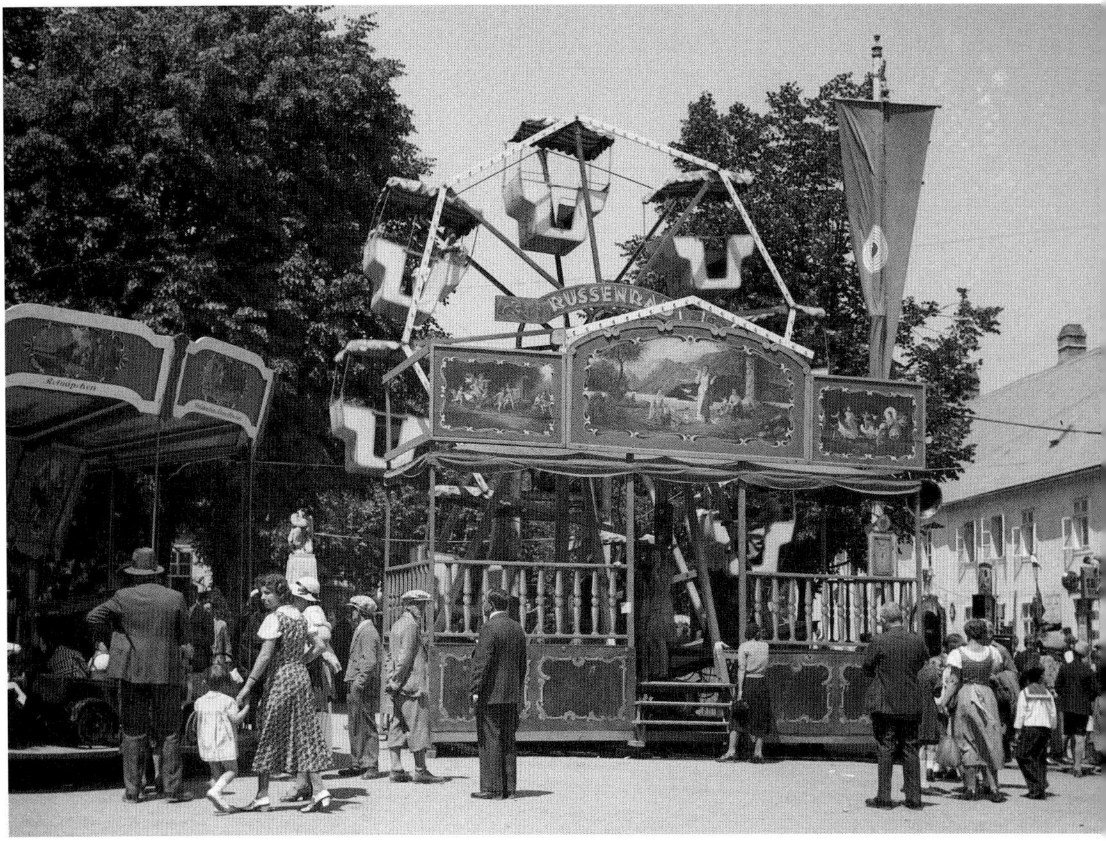
RUSSENRA

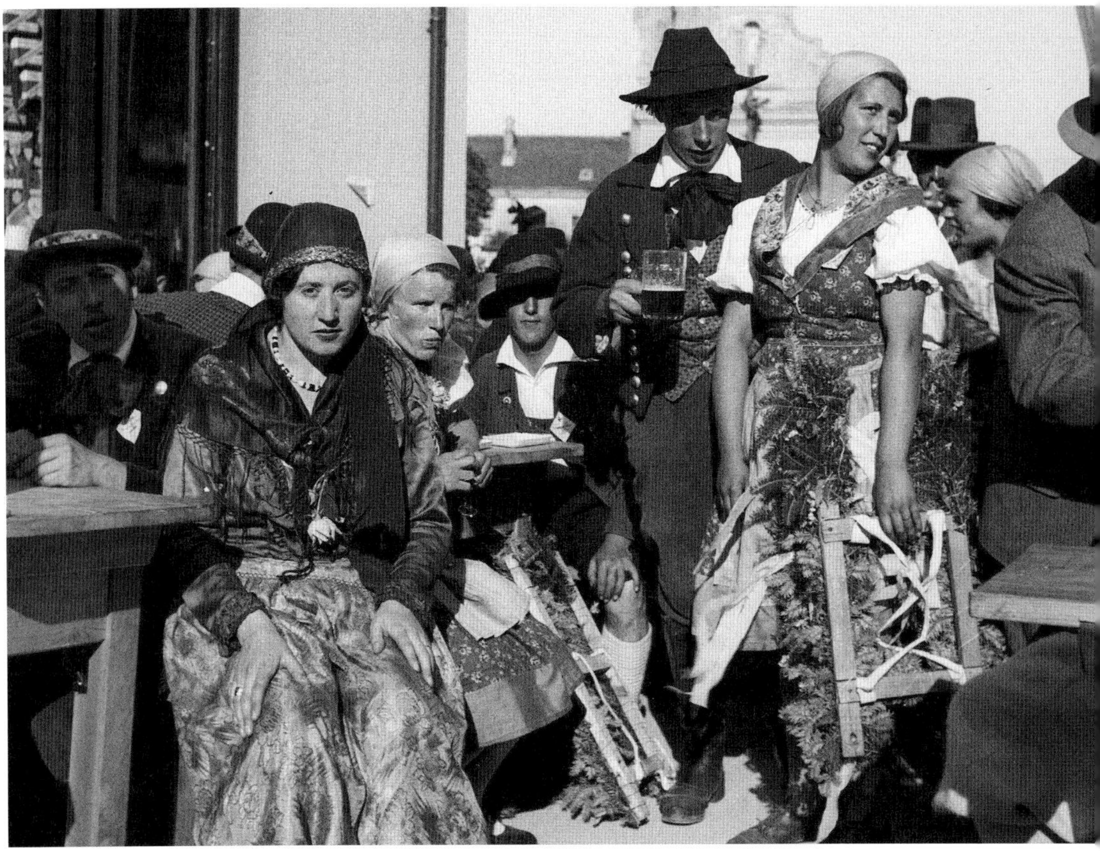

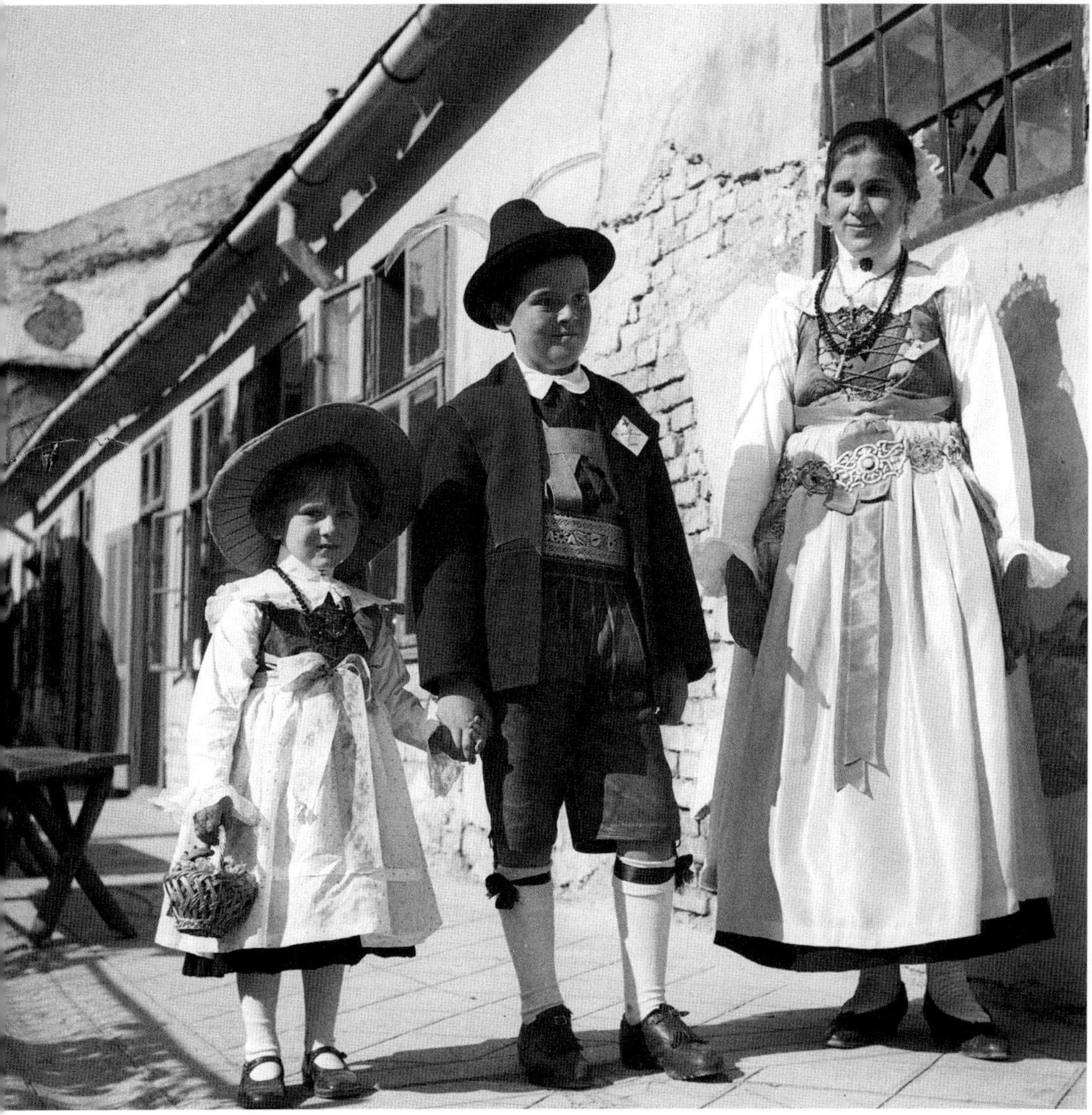

Seite 71

Der seit dem frühen 18. Jahrhundert alljährlich stattfindende „Kirtag auf der Mauer“; die Aufnahmen stammen aus dem Jahre 1934: links im Bild das Karussell, in der Mitte das „Russenrad“.

Im Sonntagsstaat bei einem gepflegten Bier genießen die Leute die stimmungsvolle Atmosphäre.

Rechte Seite
Auch die ganz Kleinen sind herausgeputz: in Lederhose und Hut sowie Kleidchen mit Schleife samt kleinem Blumenkorb.

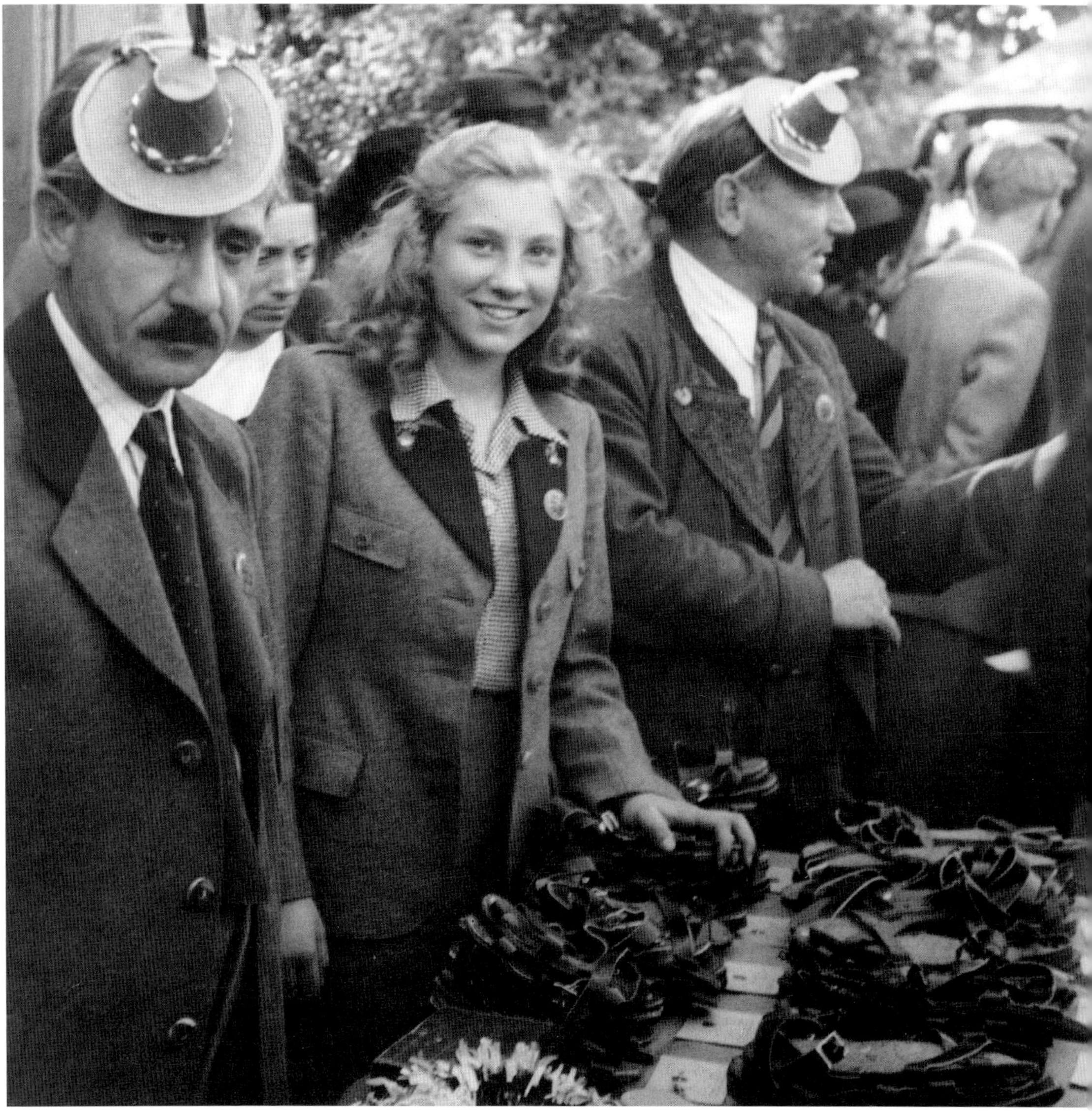

Seite 72

Auf der Kirmes in Mauer um 1948. Das blonde hübsche Fräulein schenkt dem Fotografen ihr schönstes Lächeln.

Rechte Seite

Kleine Pause vom Trubel.

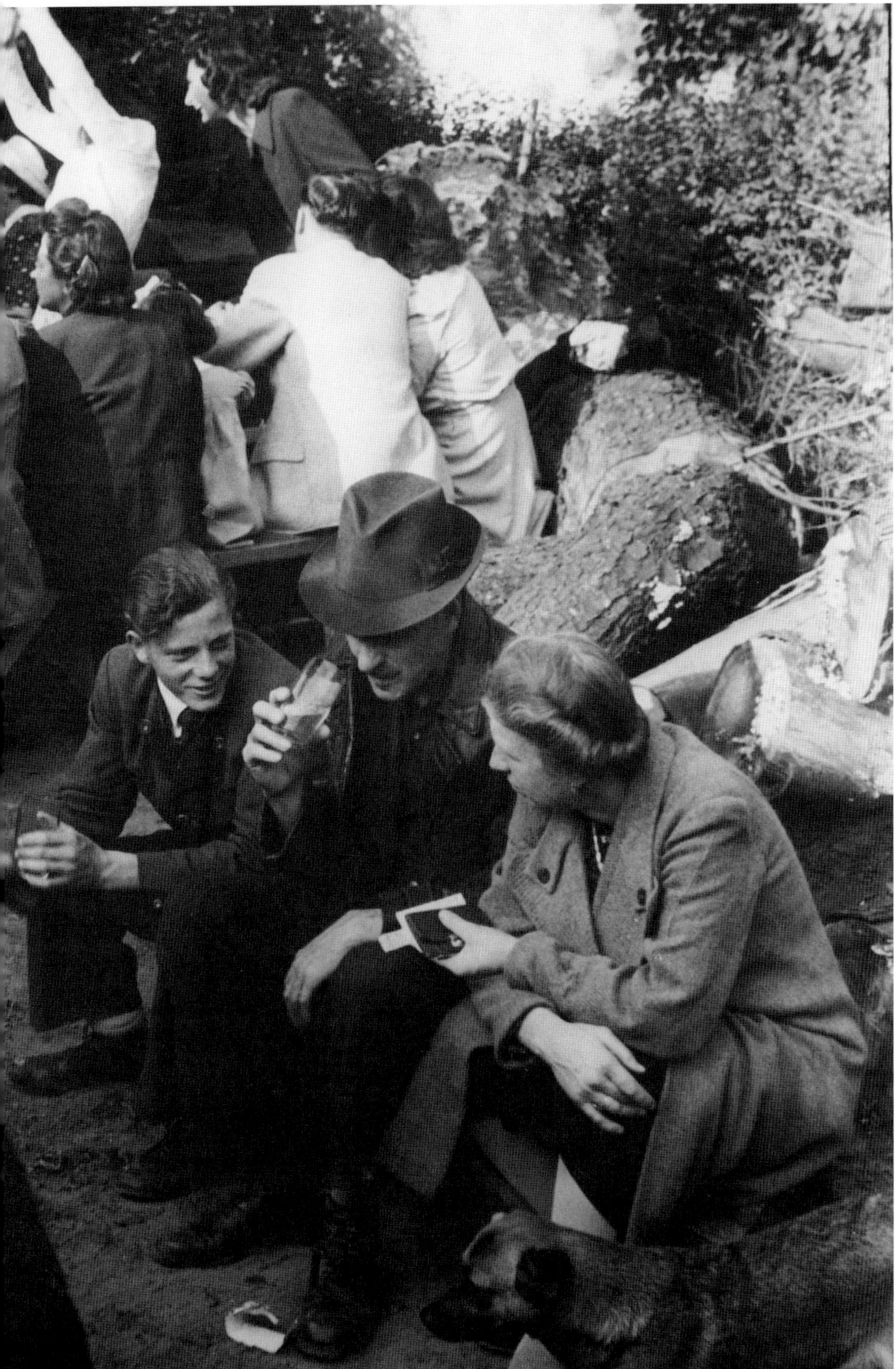

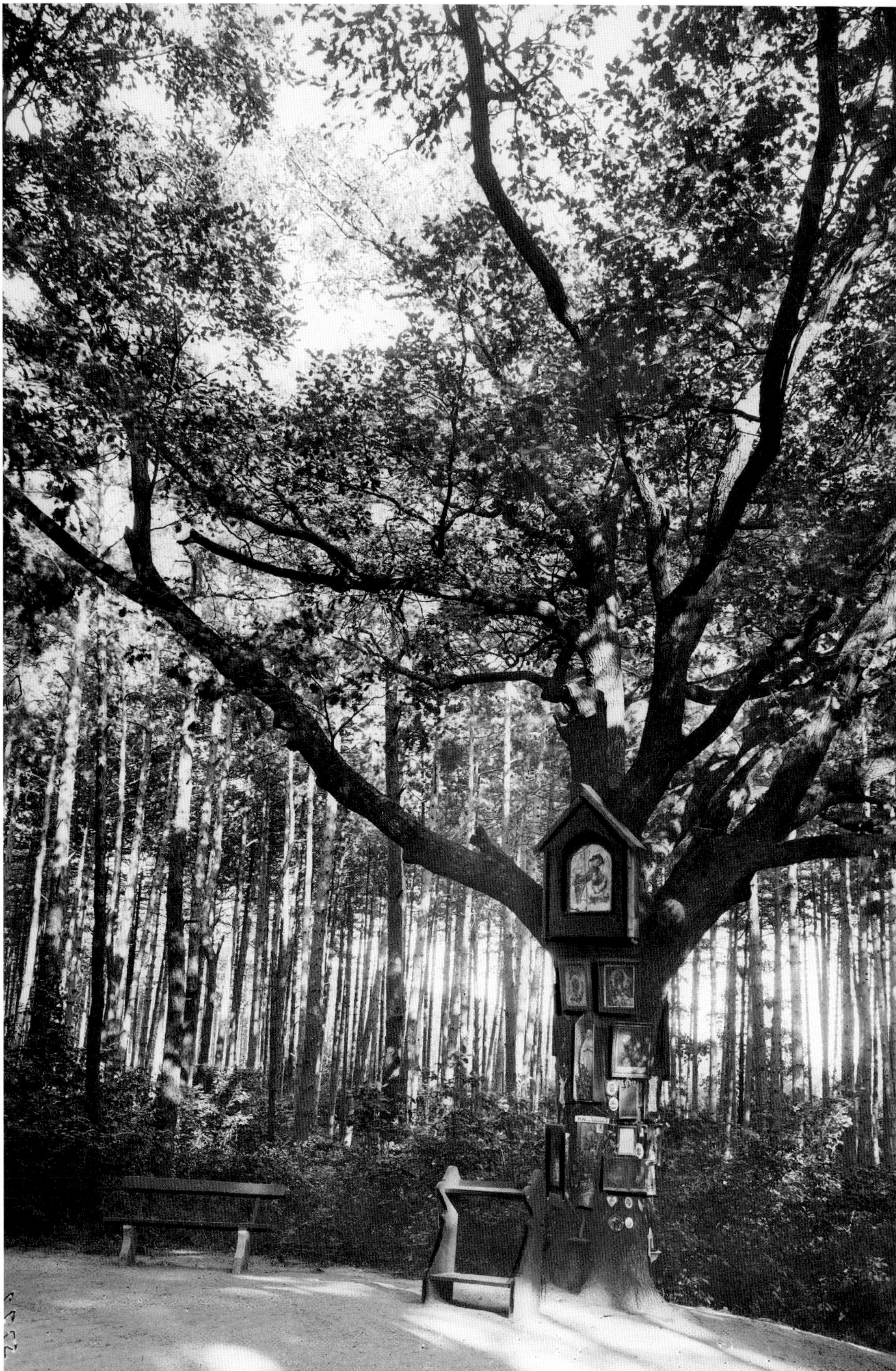

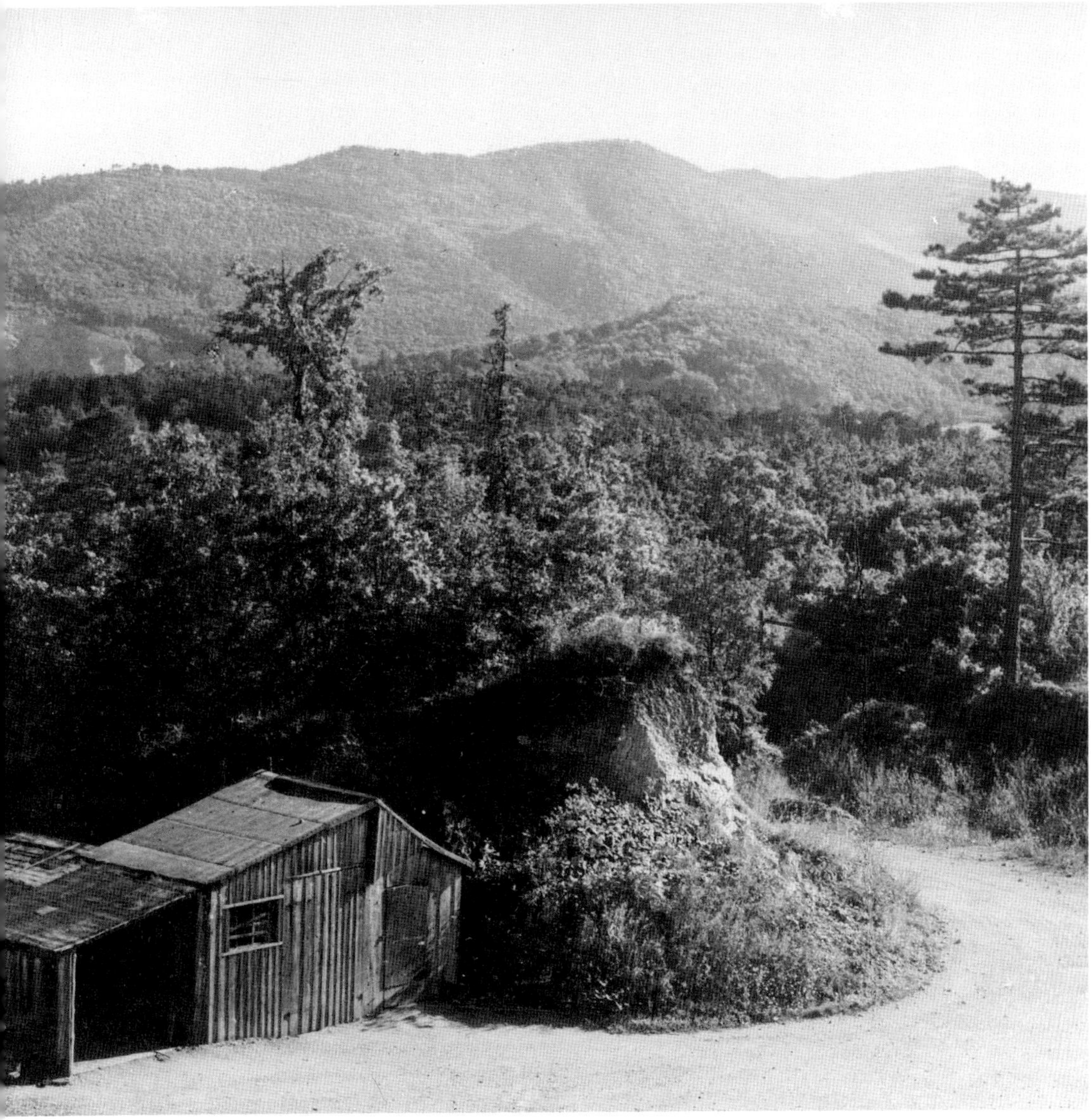

Seite 75

Bei der romantischen Waldandacht.

Der Blick auf die Antonshöhe. In der Nähe befindet sich ein jungsteinzeitliches Hornsteinbergwerk, das als das ältestes Industriedenkmal Österreichs bezeichnet werden kann.

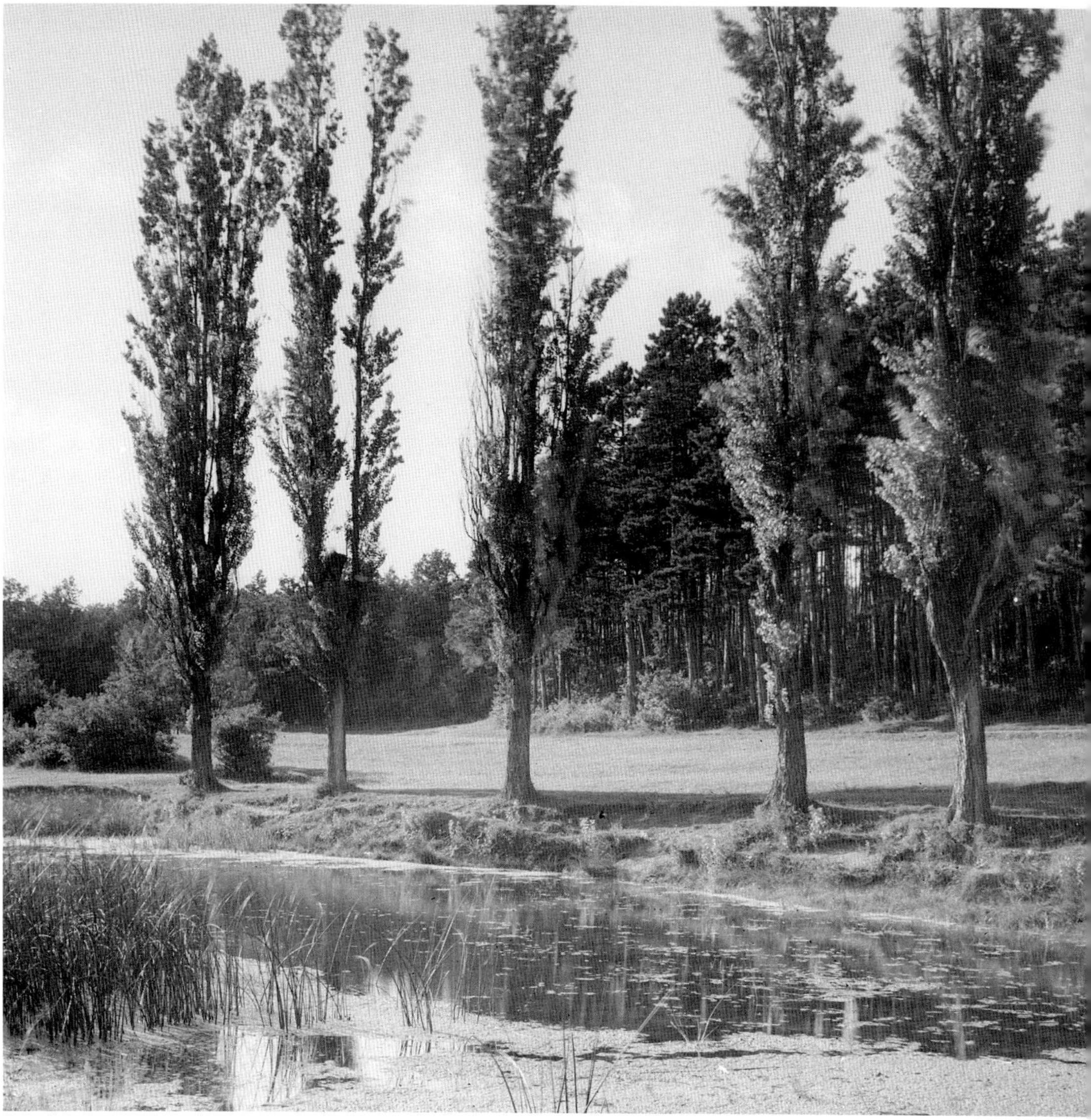

Seite 76

Pappelteich.

Rechte Seite

Am St. Georgenberg: Ruinen, 1957.

Die Alleegasse, im Hintergrund sieht man den Viadukt der Hochquell-Wasserleitung.

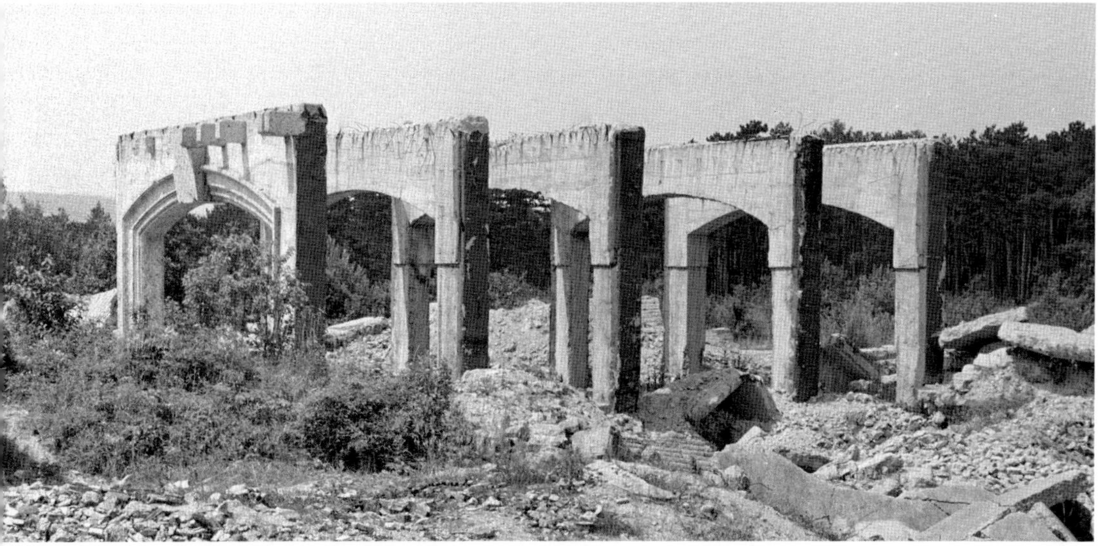

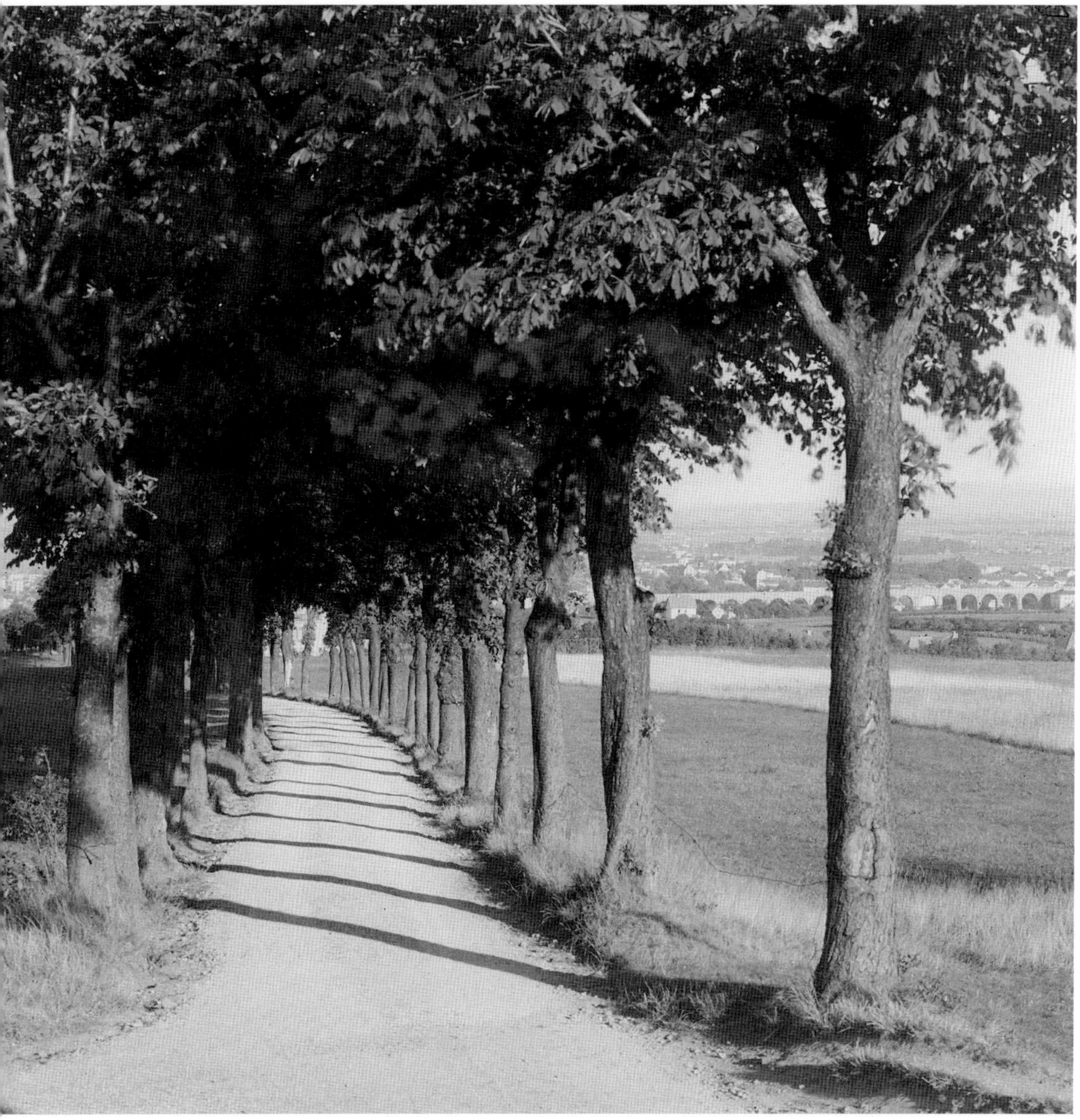

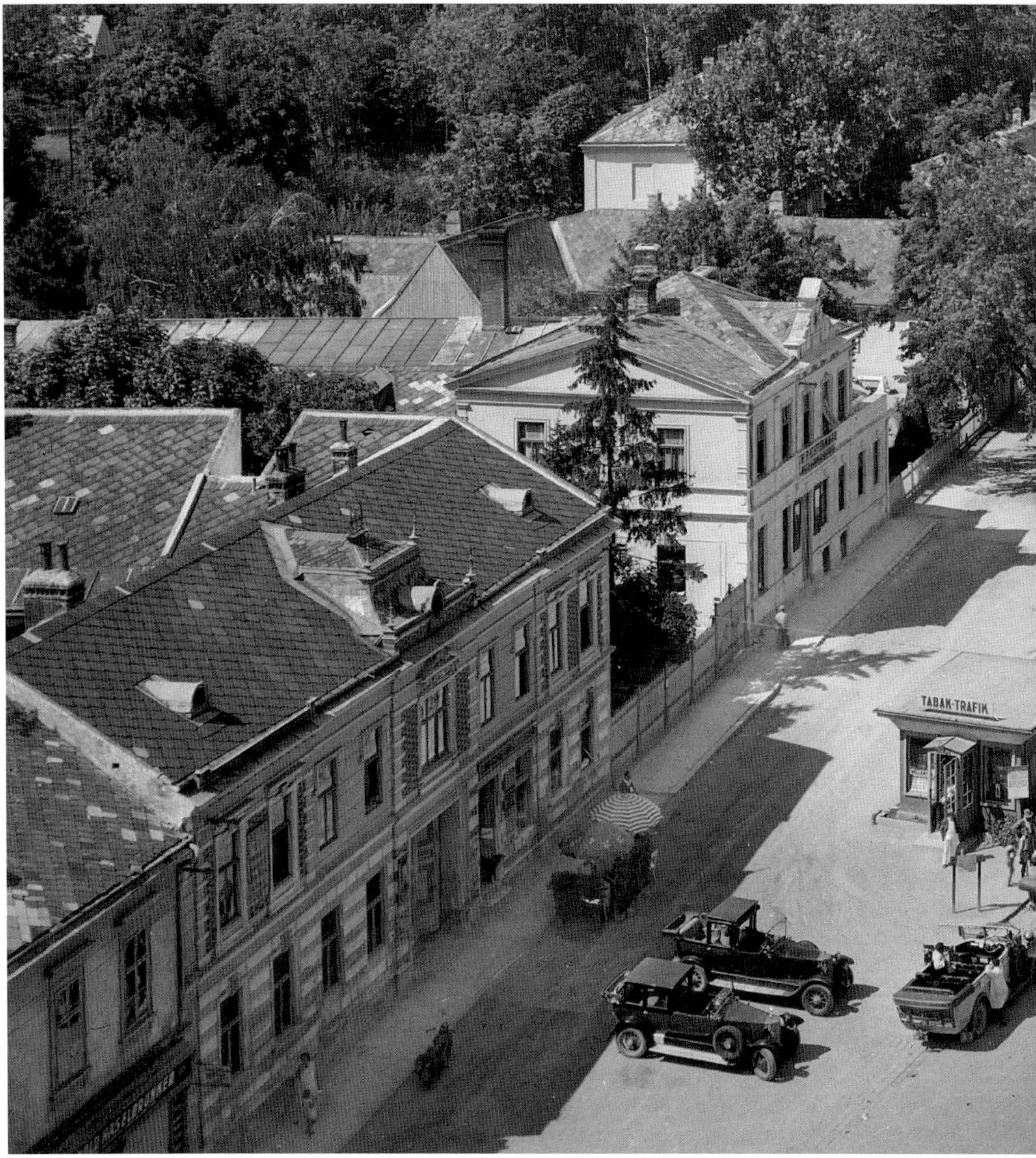

Seite 78

Mauer: Teilansicht von erhöhtem Standort. In der Mitte der Straße steht ein kleines Tabak-Trafik-Häuschen, davor warten ein kleiner Autobus auf die Abfahrt sowie weitere Insassen in den dahinter abgestellten Autos.

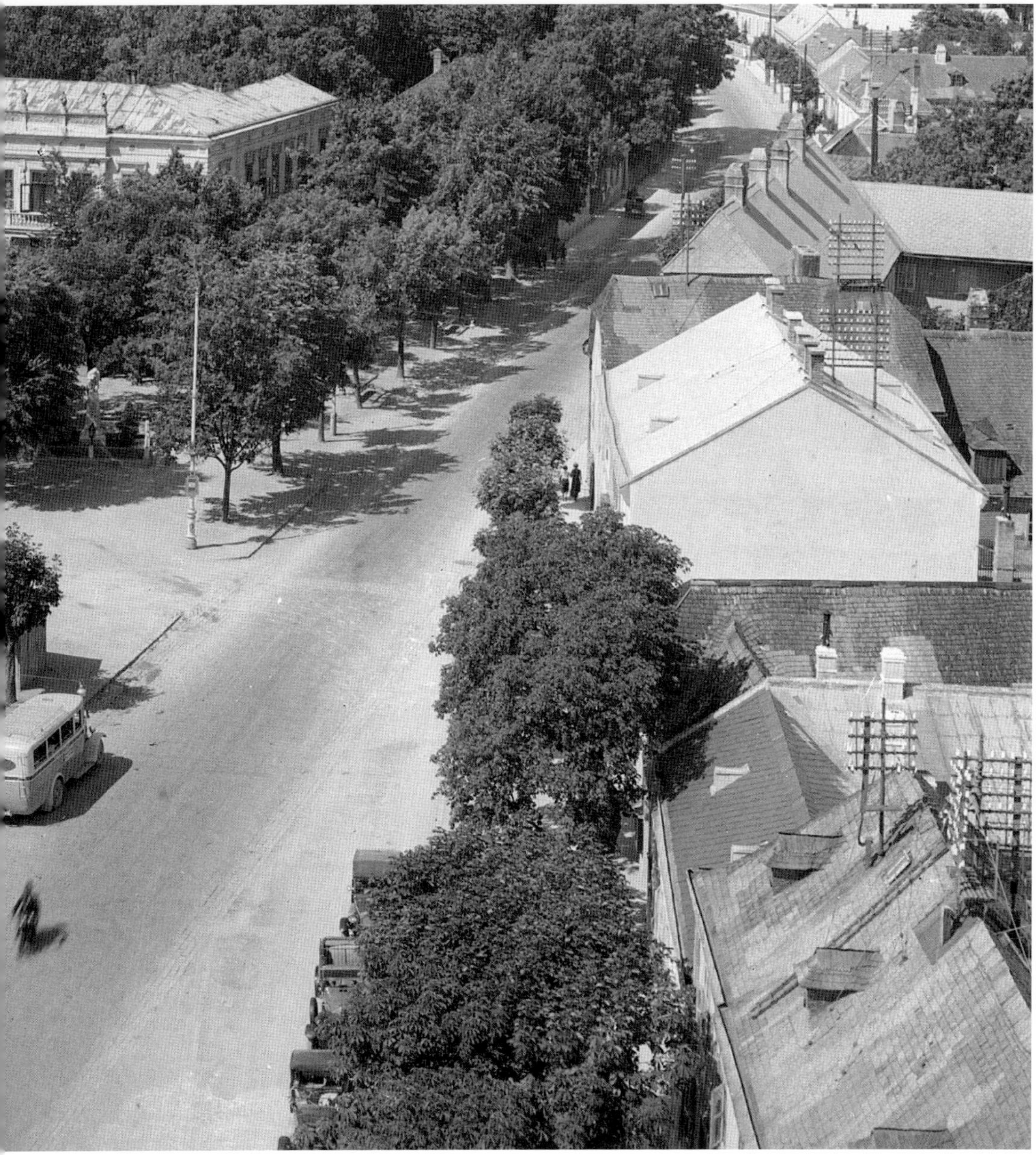

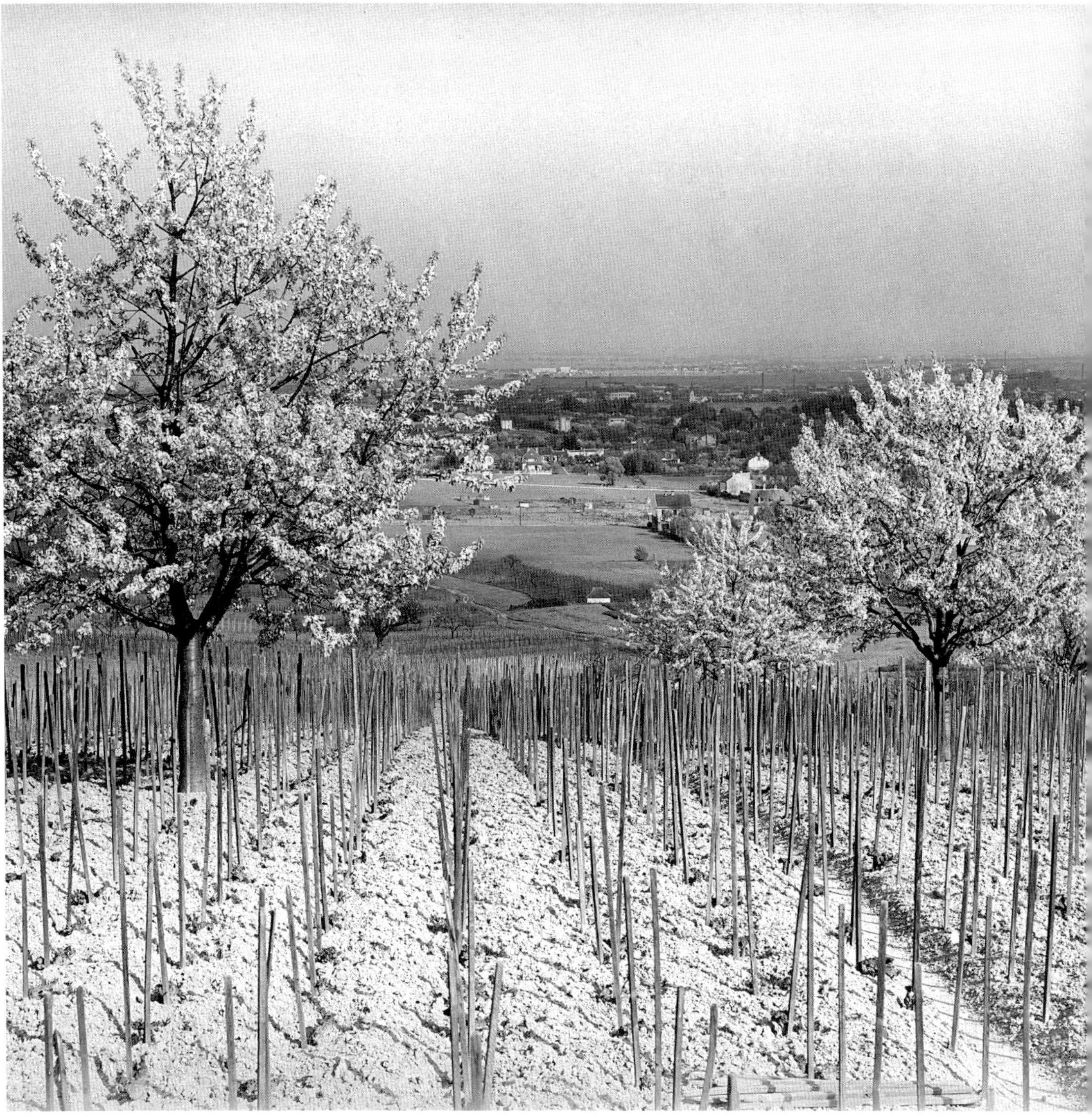

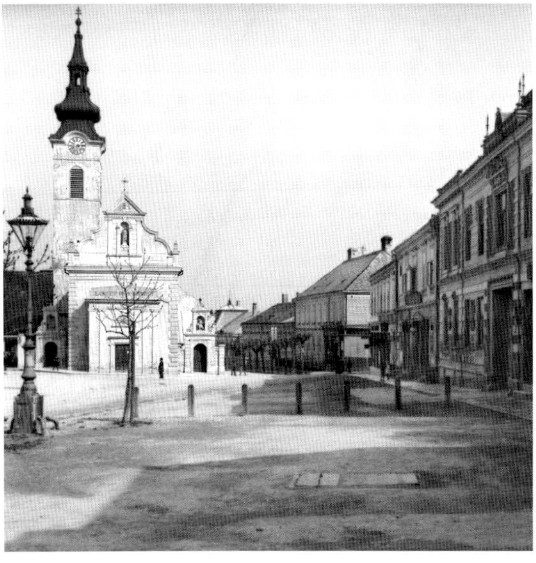

Seite 80

Weingarten mit blühenden Obstbäumen.

Der Hauptplatz zu Beginn des 20. Jahrhunderts mit Haus Nr. 4 gegen die Kirche.

Rechte Seite

Hauptstraße mit Pfarrkirche von der anderen Seite aus fotografiert.

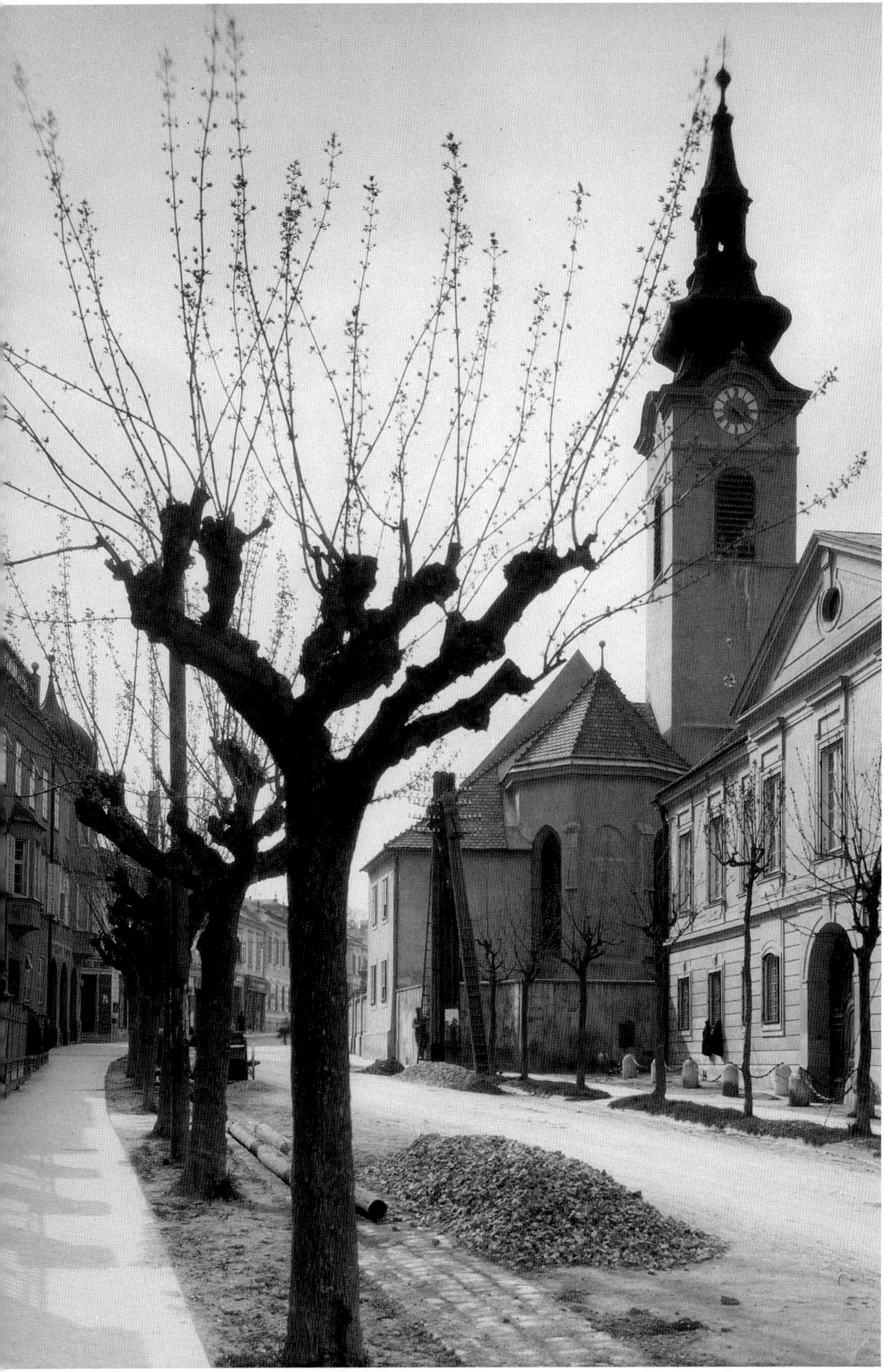

Rodaun

Rodaun wird erstmals im Jahre 1170 als „Radune" erwähnt. Der Ortsname ist slawischen Ursprungs und rührt von einem altslawischen Frauennamen her: „Radonja". Ähnlich wie in Mauer lag die Herrschaft während des Spätmittelalters in den Händen verschiedener Wiener Rittersfamilien. Der Herrschaftssitz war die 1405 erwähnte Burg auf dem Schloss- oder Kirchenberg. Die Burg ist aber vermutlich älter und dürfte schon in der Babenberger Zeit bestanden haben. Von weiterer Bedeutung ist die barocke Bergkirche Rodaun. Schloss und Bergkirche werden als Motiv für den Rodauner Teils des Liesinger Wappens verwendet: Dort wird die Burg mit Kirche auf einem mit Bäumen bewachsenen grünen Berg dargestellt.

In Rodaun wohnte der österreichische Dichter Hugo von Hofmannsthal. Das Hofmannsthal-Schlössl ist sein ehemaliges Wohnhaus, später wohnte hier die Malerin und Autorin Maria Grengg bis zu ihrem Tod.

So wie auch Mauer entwickelte sich Rodaun zu einer beliebten Sommerfrische. Wichtig hierfür war der Betrieb des Stellwagens. Diese Verkehrslinie war eine der ersten und längsten und führte von Wieden ausgehend über den Wienerberg und Atzgersdorf direkt nach Rodaun. Diese Verbindung wurde u. a. von badebegeisterten Wienern genutzt. Damals war das Schwimmen und Baden eher eine Sache der Privilegierten und noch keine Massenangelegenheit. Der „Stelzer" war eine bekannte Badeanstalt, die im Volksmund als „Stelzer-Bad" bezeichnet wurde, mit angrenzender Restauration. Das so genannte „Wirtshaus von Österreich" wurde von Johann Stelzer geführt und entwickelte sich zu Anfang des vorigen Jahrhunderts zum Treffpunkt der Wiener Gesellschaft. Heute befindet sich an jener Stelle eine aus fünf Häusern bestehende Wohnsiedlung.

Im 16. und frühen 17. Jahrhundert bildete das Schloss Rodaun einen wichtigen Stützpunkt des evangelischen Glaubens im Wiener Umland. Im Jahre 1898 wurde es von den Schwestern von der Kindheit Jesu und Maria angekauft, die hier 1902 eine Mädchenschule mit Öffentlichkeitsrecht einrichteten.

Wie alle Bezirksteile von Liesing wurde auch Rodaun 1938, nach dem Anschluss Österreichs an das Deutsche Reich, „Groß-Wien" eingegliedert.

Rechte Seite
Übersicht über Rodaun von erhöhtem Standort von Ost-Südost, 1926.

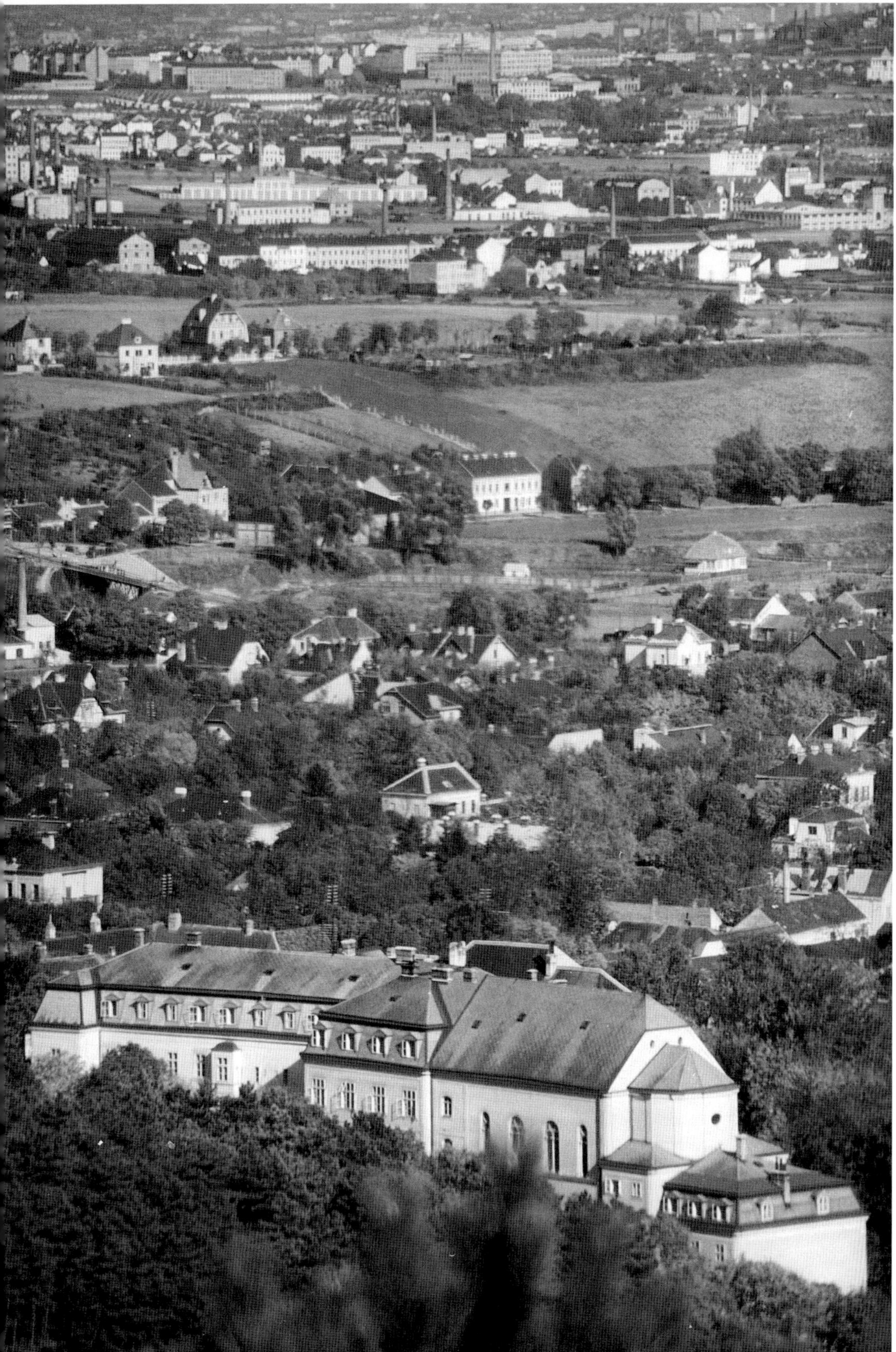

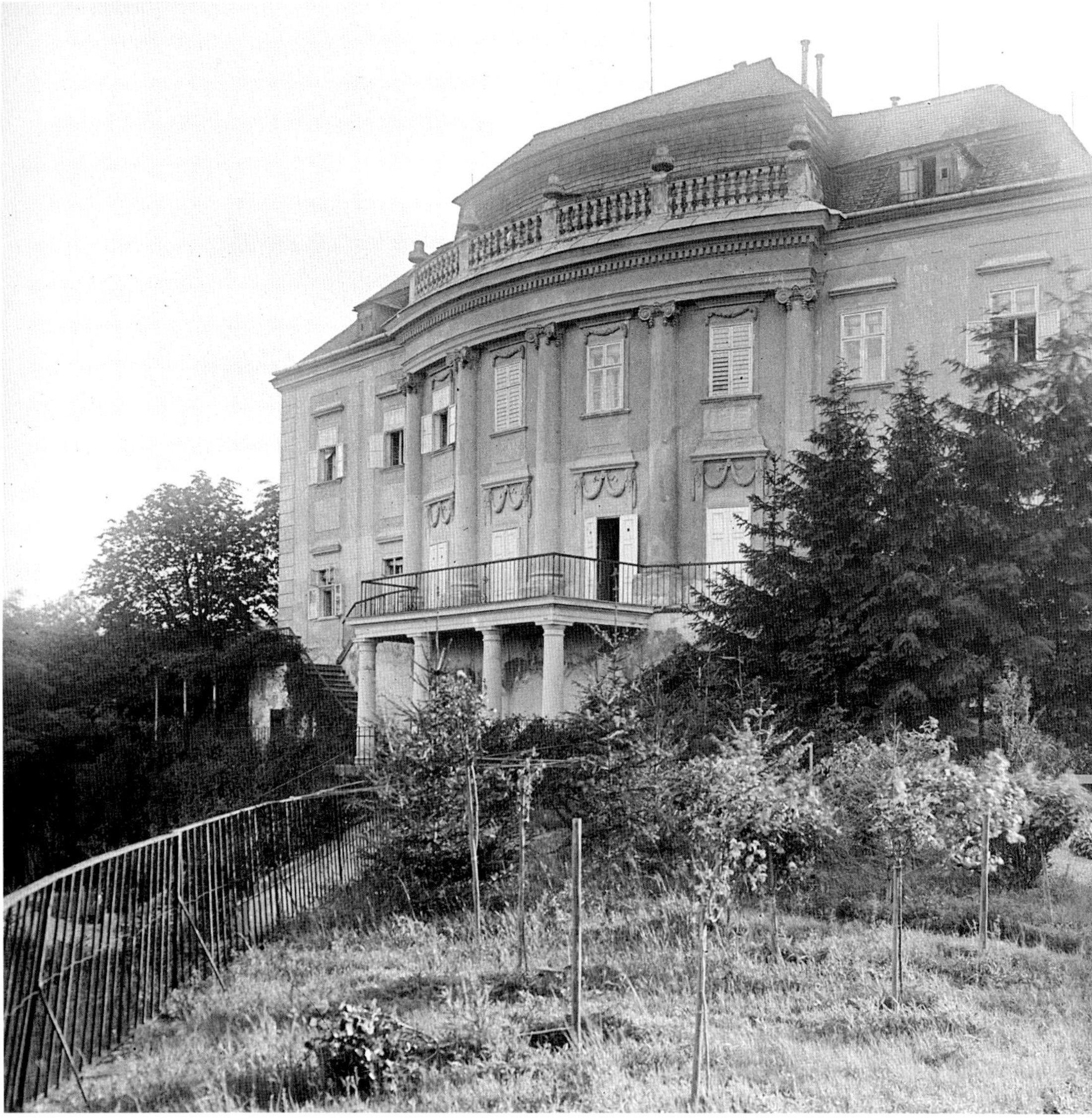

Seite 84

Schloss Rodaun: die Fassade mit Garten im Vordergrund, 1902.

Rechte Seite
Der Eingang vom Schloss Rodaun mit der Aufschrift „Pensionnat de Sainte Chrétienne“, 1902. Seit 1902 befindet sich im Schloss Rodaun, Willergasse 55, ein Schulzentrum: die katholische Privatschule Sta. Christiana.

Gesamtansicht der Villa in der Schreckgasse 1 schräg von rechts, 1962.

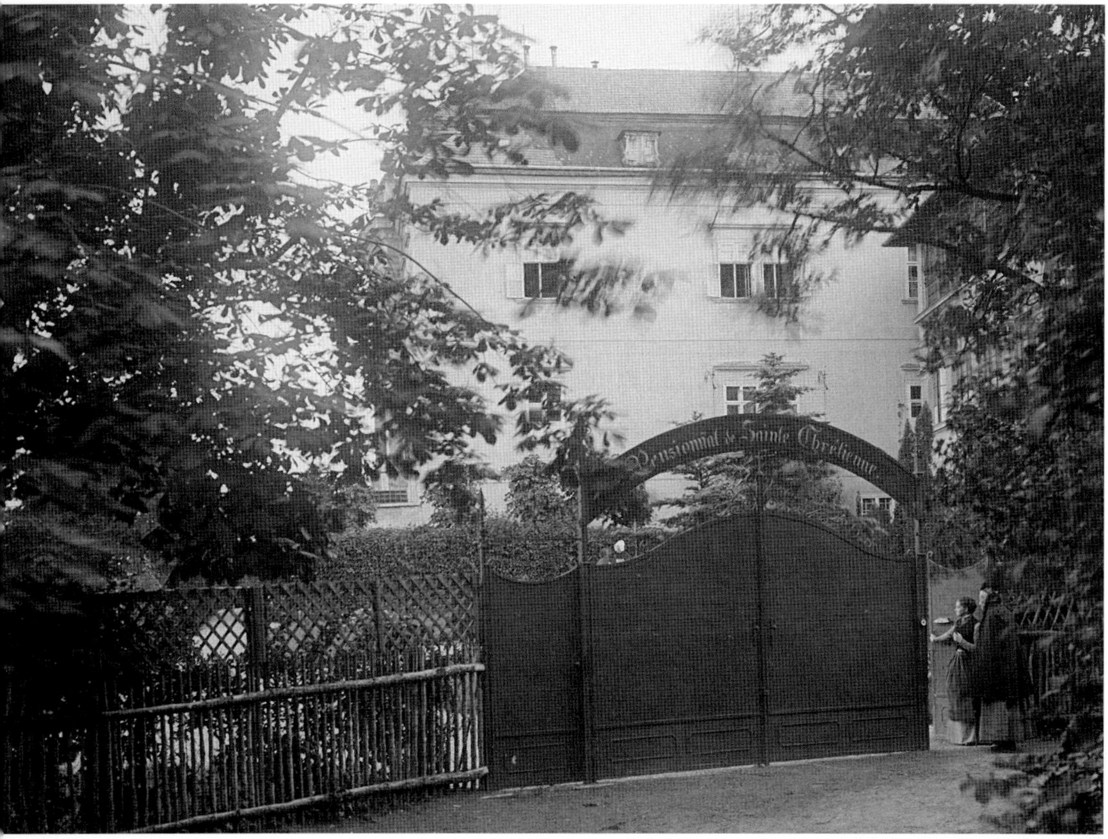
Pensionnat de Sainte Chrétienne

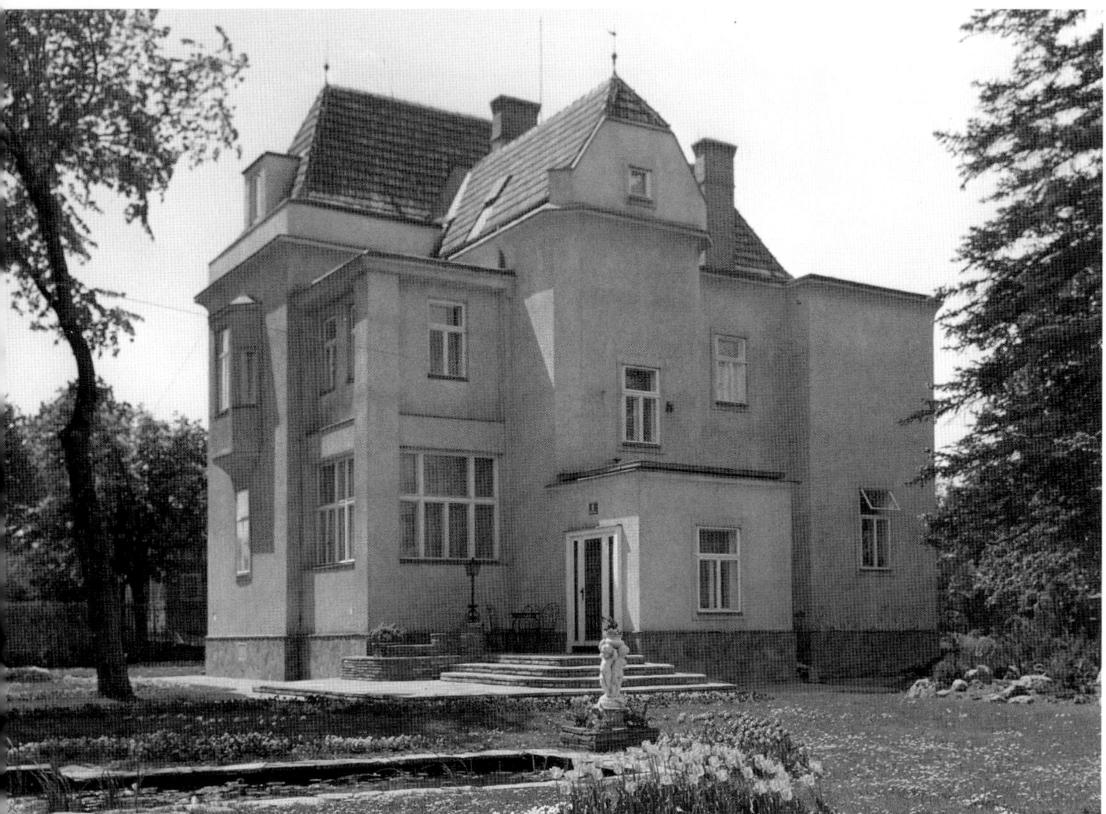

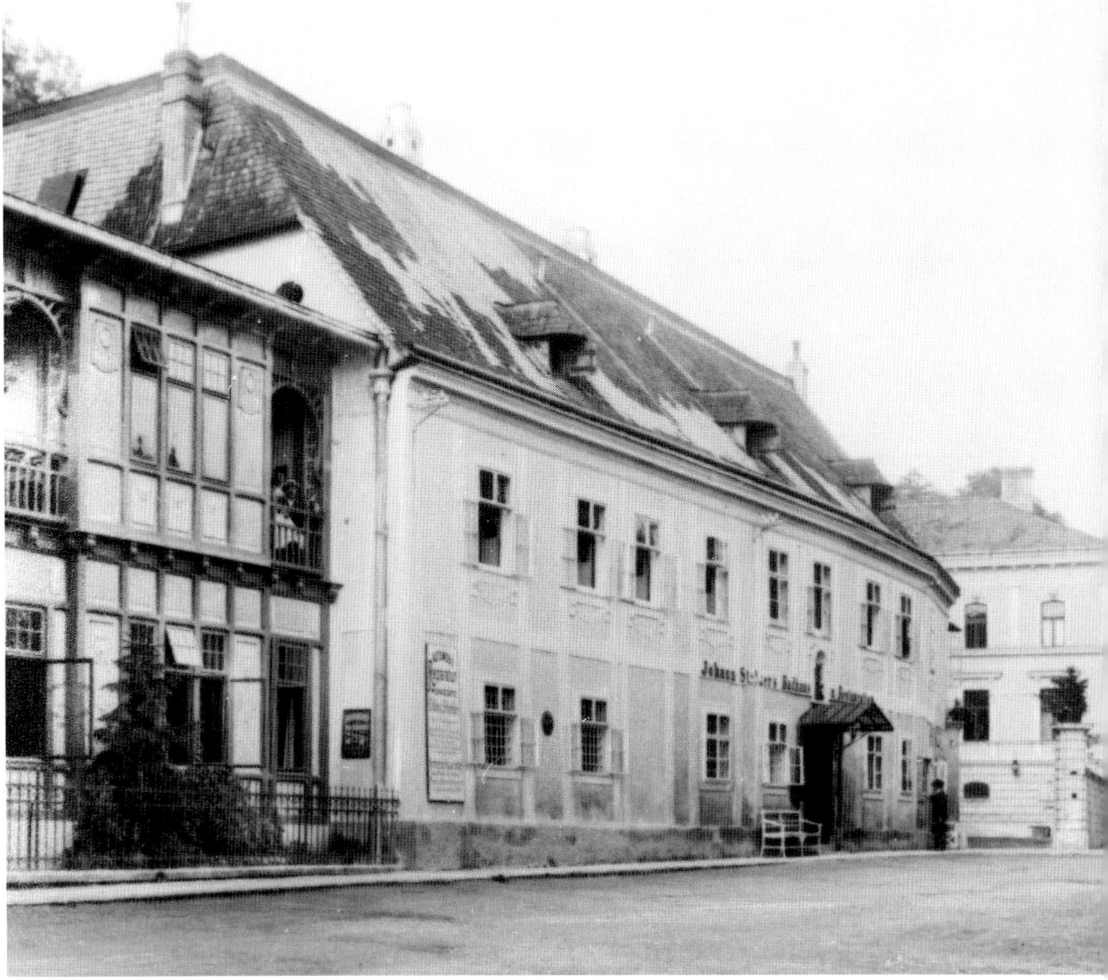

Seite 86

Hotel und Bad „Stelzer“: Ansicht der Vorderfront über die Straße schräg von links, um 1925.

Rechte Seite

Hotel und Bad „Stelzer“: Bad-Fassade von links.

Das Bad „Stelzer“: die Ansicht der Kabinenanlage.

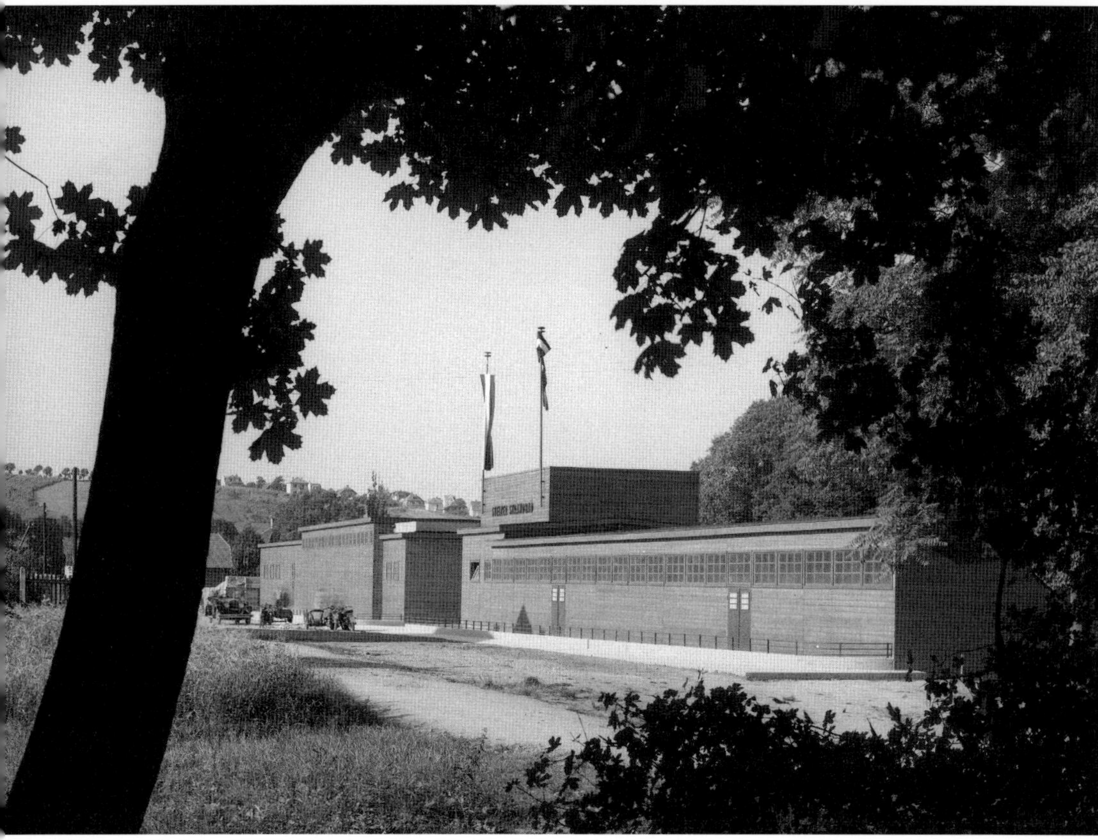

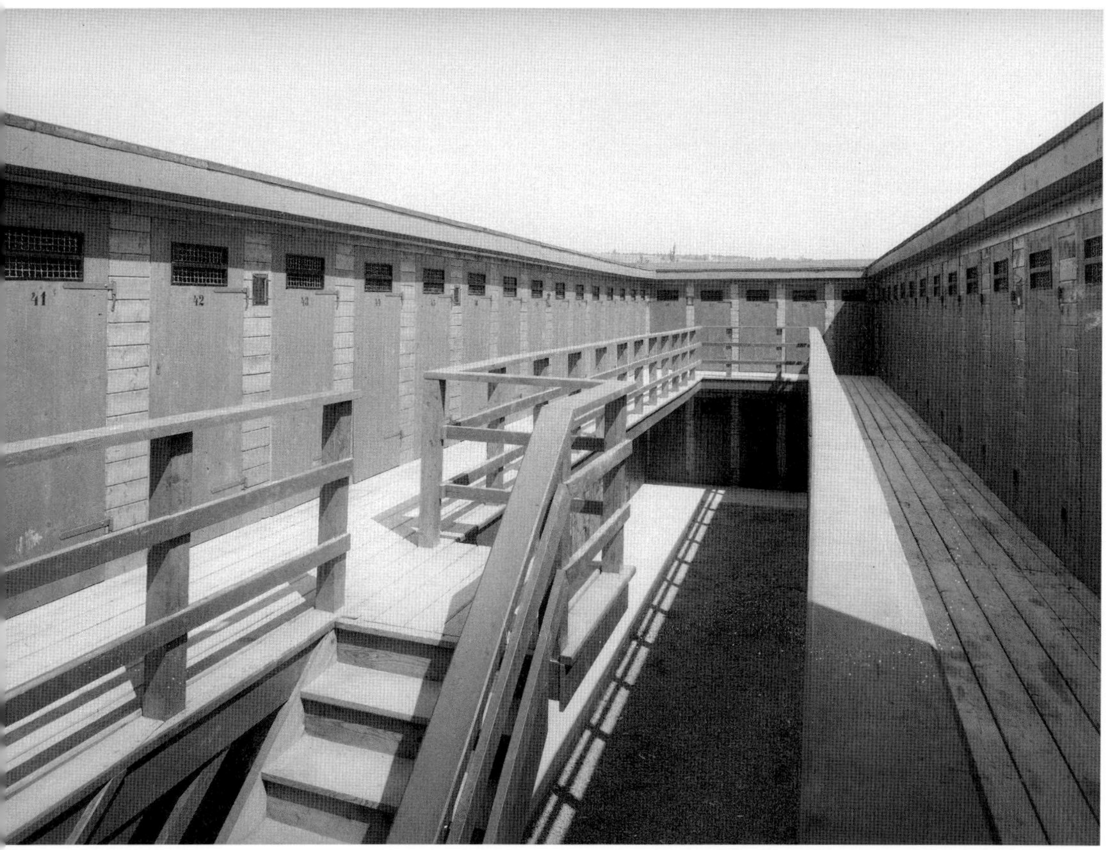
41
42

Die Verladestation des Zementwerks.

Rechte Seite
Ansicht des Zementwerks aus einiger Entfernung.

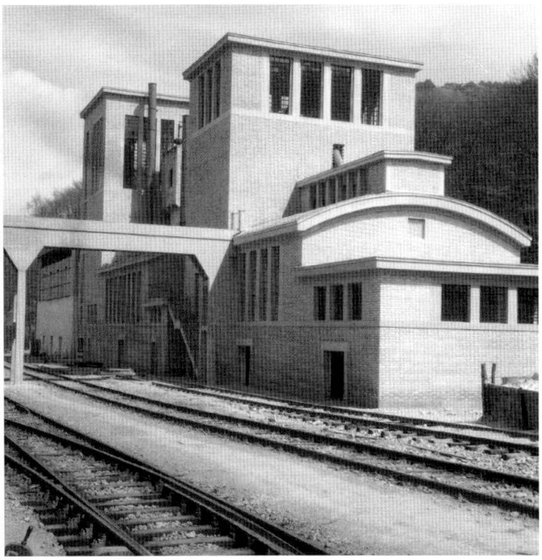

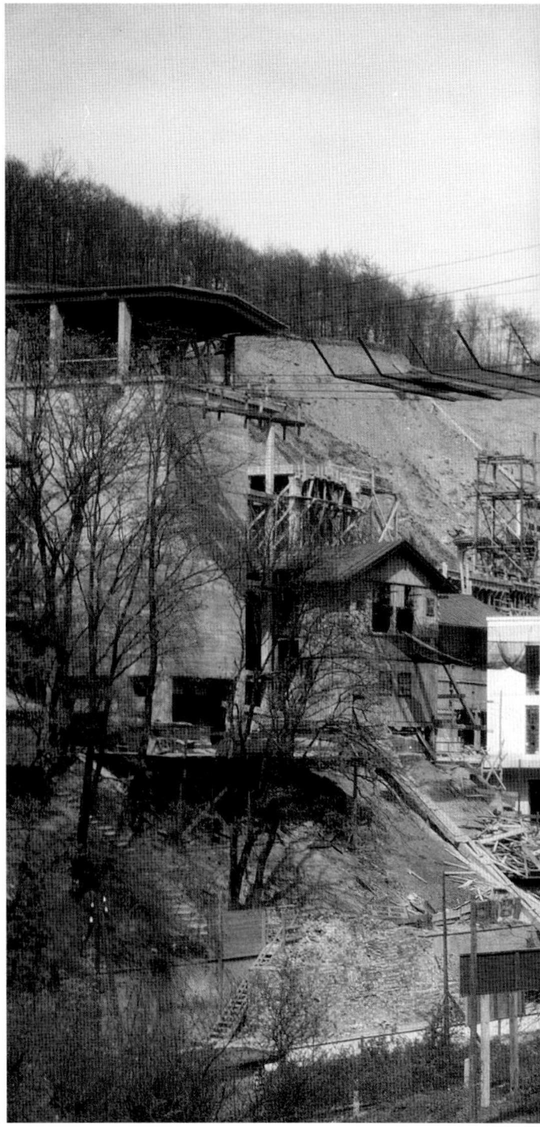

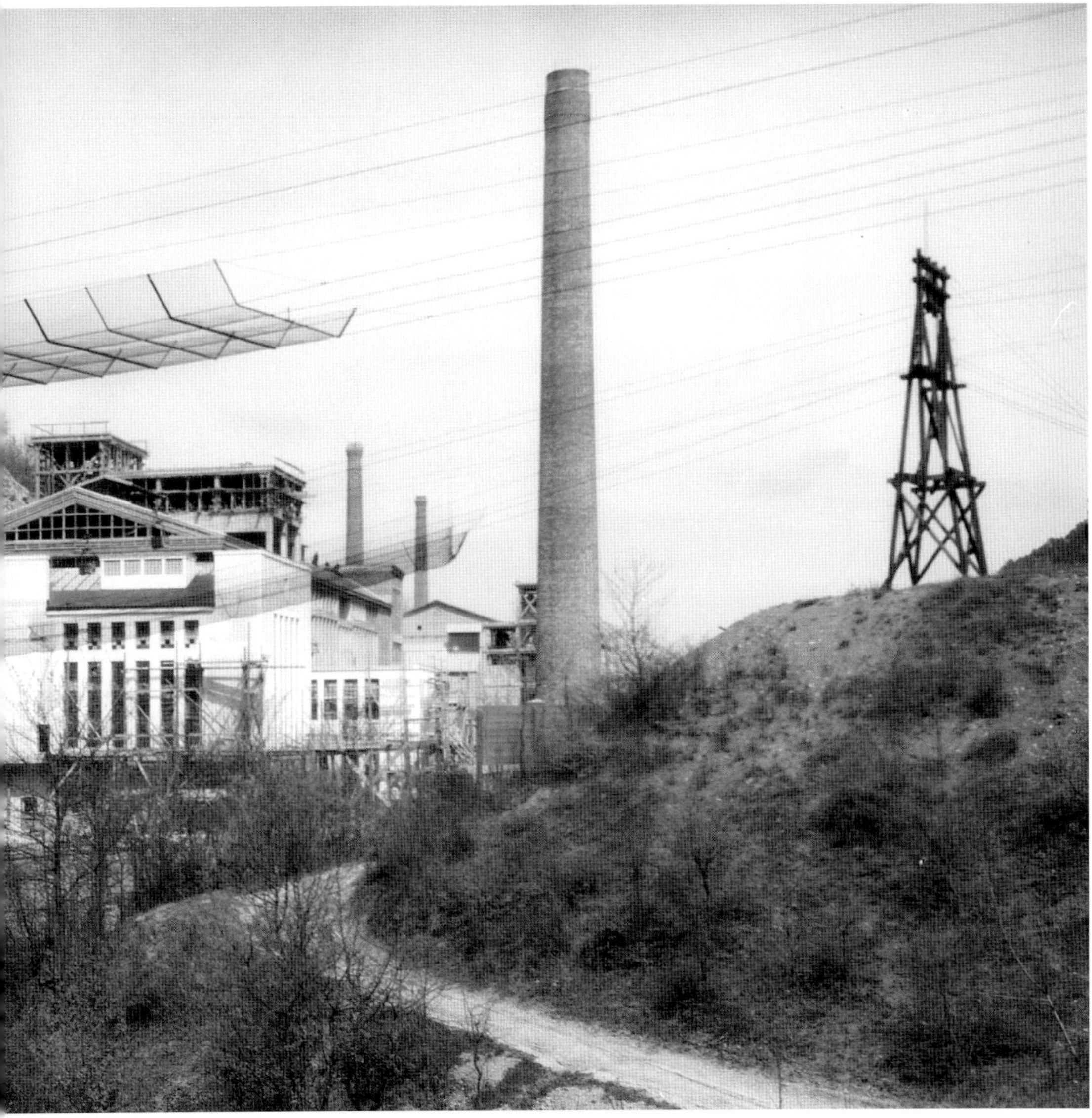

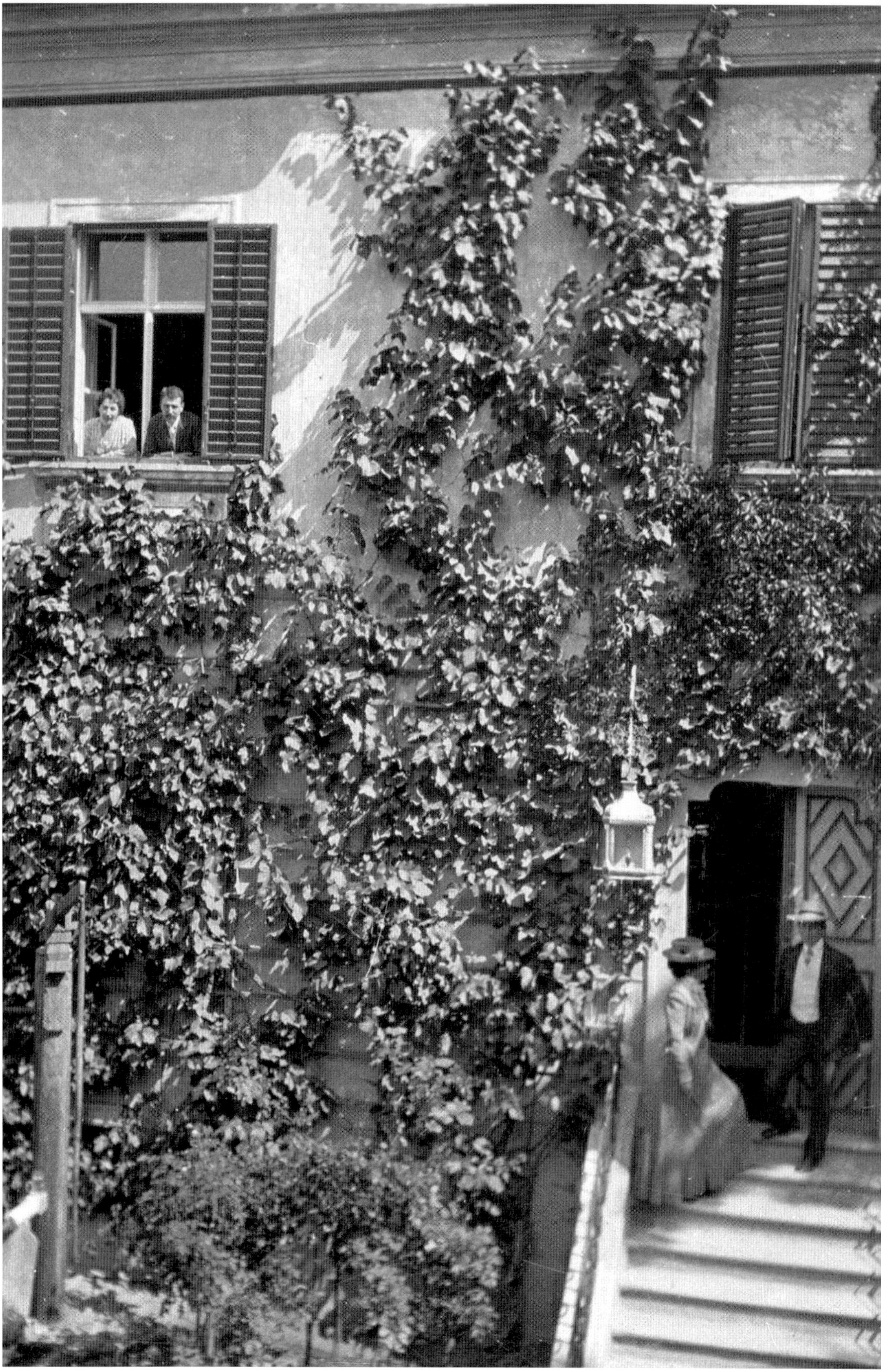

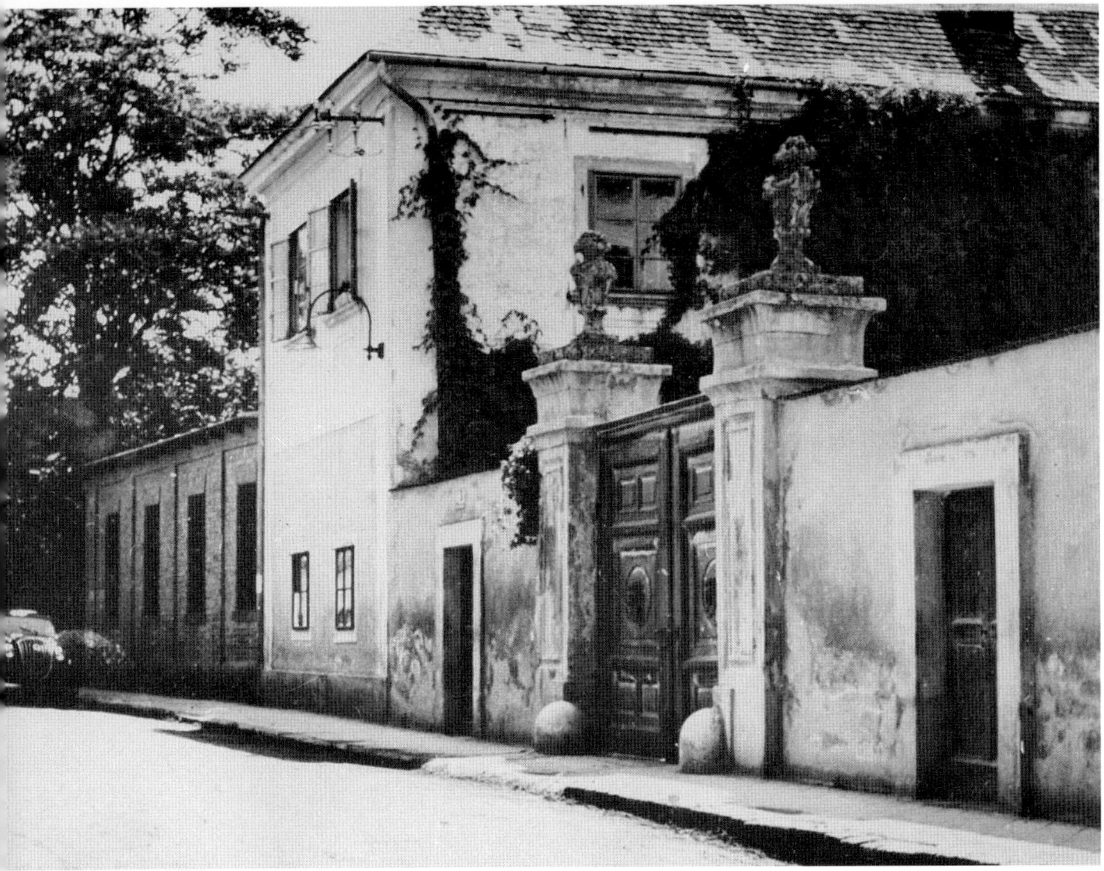

Seite 91

Das ehemalige Schlösschen Fuchs hat seinen Namen von der vormaligen Besitzerin. Maria Theresia machte es ihrer Erzieherin und Obersthofmeisterin Maria Karoline Gräfin von Fuchs zum Geschenk. Hier lebten Maria Grengg, später Hugo von Hofmannsthal.
Eine Teilansicht der Fassade mit Stiegenaufgang in das Haus. Die aus dem Fenster des 1. Stockwerks blickenden Personen sollen niemand Geringerer als Hugo von Hofmannsthal selbst und seine Frau Gertrud Schlesinger sein!

Rechte Seite
Noch eine Aufnahme des ehemaligen Schlösschen Fuchs in der Ketzergasse 471: diesmal die Straßenfront schräg von rechts, 1937.

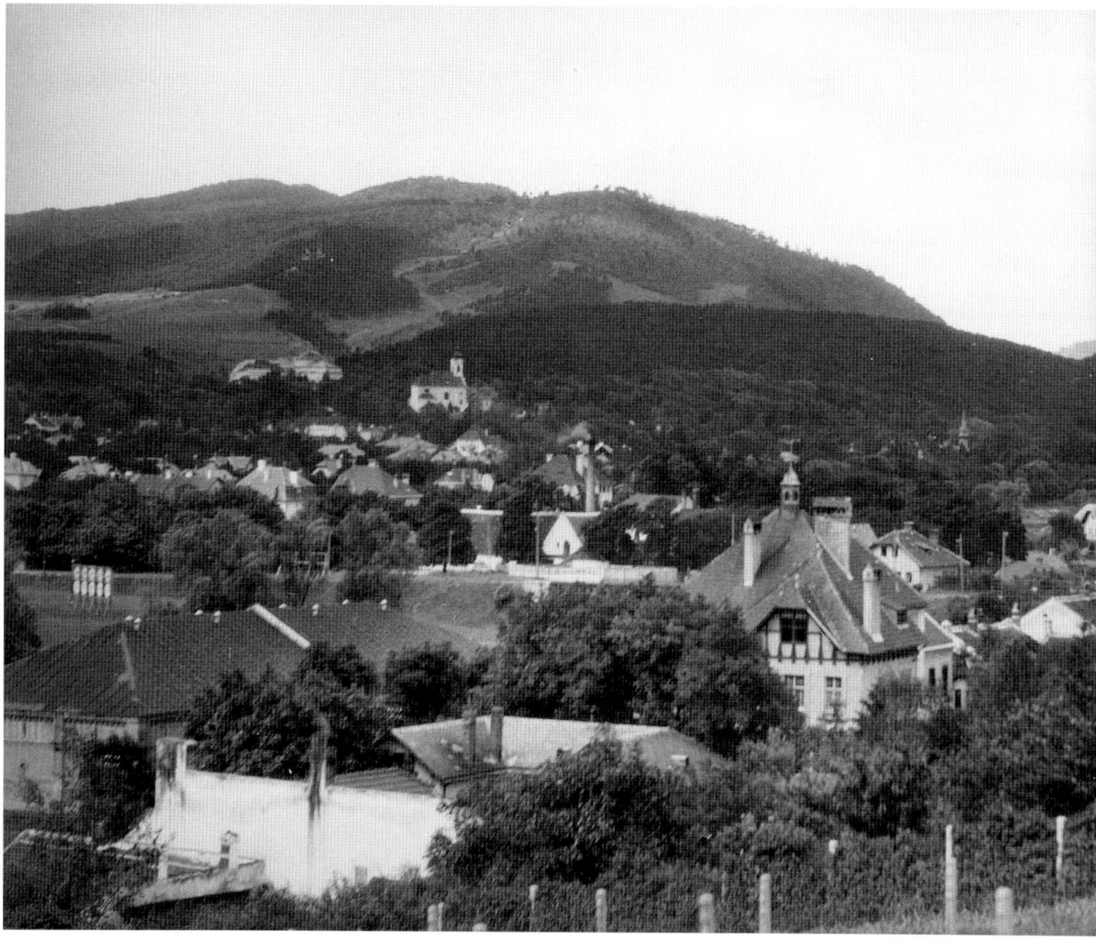

Seite 92

Übersicht von Nordosten gegen den Parapluiberg, ganz rechts im Bild Kalksburg.

Rechte Seite

Barocke Plastiken am Aufgang zur Kirche.

Nächste Seite

Bachmotiv im Winter.

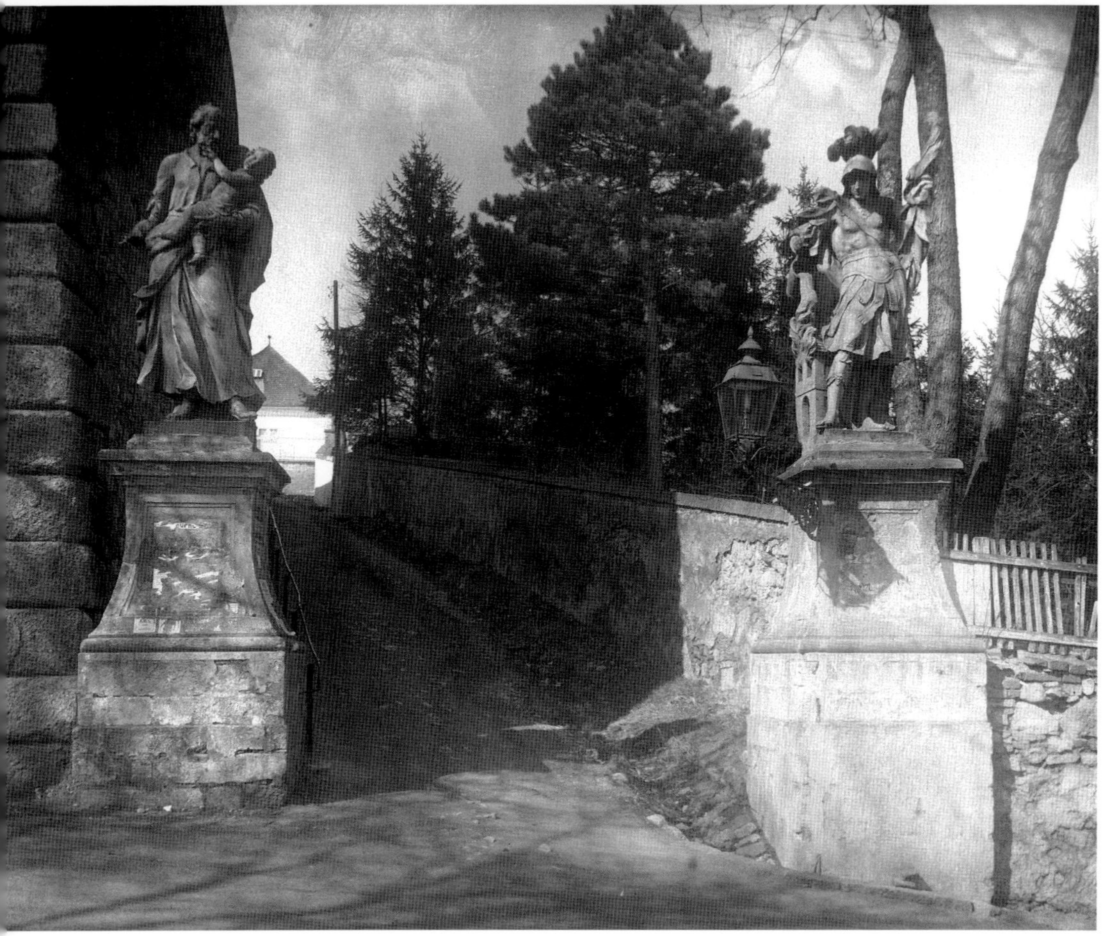

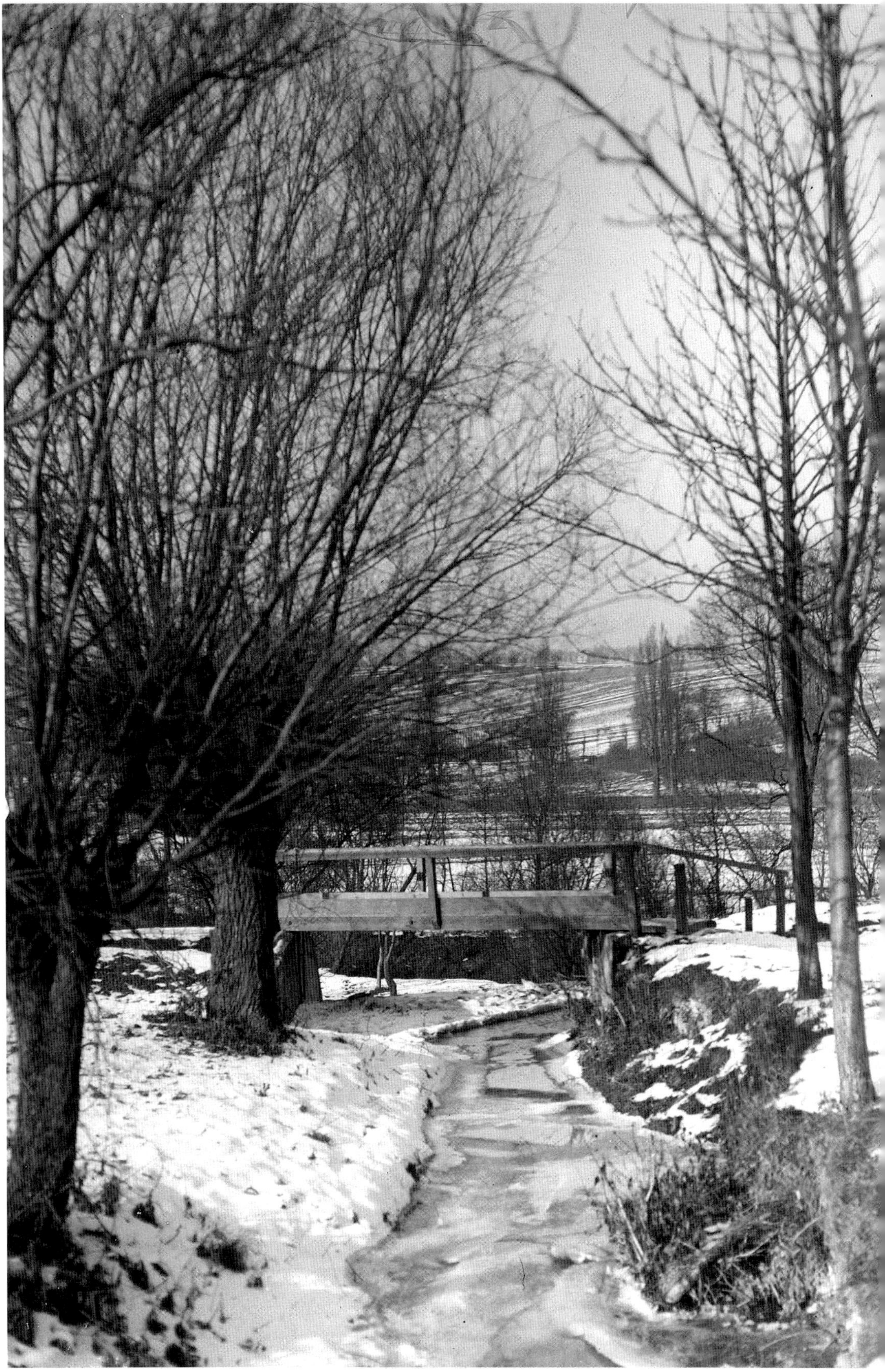

LIESING

Entstehung: urkundlich 1002 erstmals als „inter Durran Liezniccham“ erwähnt
Name: Liesing
Fläche: 3.202,4 ha
Grünfläche: 1.054,5 ha
Baufläche: 1.657,8 ha
Einwohner: 89.986 (Stand 2007)
Bezirksmuseum Liesing:
1230, Canavesegasse 24, Tel.: 869 88 96
Berühmte Persönlichkeiten: Hans Hörbiger, Hugo von Hofmannsthal u. a.

Wappen

Ein von einer silbernen Spitze durchzogener blauer Schild, zu dessen Fuß emporlodernde Flammen abgebildet sind, aus welchen ein mit vier im schrägen Vierpass gestellten Früchten und drei fächerartig auseinander gebreiteten Blättern bestehender Haselnusszweig herauswächst. Darunter die geteilte Jahreszahl 1683 in schwarzen Ziffern. Dies weist auf die Türkenbelagerung hin.
Im Schild links oben ist ein Winzerkorb, rechts ein Kammrad, beides golden, abgebildet. Diese Symbole beziehen sich auf Liesings Haupterwerbszweige.
Bei diesem Wappen handelt es sich um das alte Stadtwappen von Liesing. Die geplante Adaptierung des Wappens, inkl. Berücksichtigung aller Bezirksteile, wurde bis heute noch nicht umgesetzt.

Österreichische Nationalbibliothek

Bildarchiv

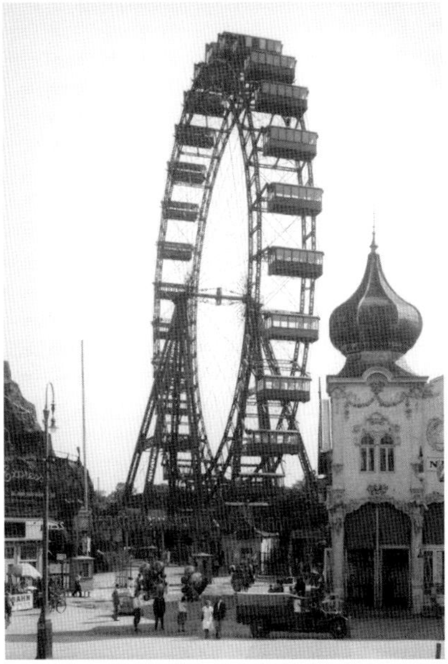

Das Bildarchiv der Österreichischen Nationalbibliothek ist mit mehr als eineinhalb Millionen Objekten die größte Bilddokumentationsstelle Österreichs.
Das Kernstück bilden über eine Million Fotografien, deren Themenspektrum von Porträts über Architekturfotografie, zeithistorische Dokumente, Alltagsbilder bis hin zu künstlerischen Aufnahmen reicht. Die grafische Sammlung umfasst heute mehr als 500.000 Druckgrafiken, Aquarelle und Zeichnungen, die Fideikommissbibliothek, die ehemalige kaiserliche Familienbibliothek, an die 117.000 Bände.

Über 50.000 Bilddokumente aus den wertvollen Beständen des Bildarchivs und der Sammlungen der Österreichischen Nationalbibliothek stehen digitalisiert in der Bilddatenbank des Archivs (www.bildarchivaustria.at) online für Forschung, kommerzielle und persönliche Verwendung zur Verfügung.

Sämtliche Recherchekataloge sind über Internet verfügbar (www.bildarchiv.at). Der digitale Wienkatalog bietet die Möglichkeit der Recherche zu mehr als 100.000 erfassten Fotografien und Grafiken zum Thema Wien. Die Suche kann nach Bezirken, Straßen, Hausnummern, aber auch nach bedeutenden Baulichkeiten und Themen ausgeführt werden. Auf Wunsch können fotografische Abzüge und digitale Kopien zur Verfügung gestellt werden.